サルボ恭子のスープ

東京書籍

contents

- 4 はじめに
- 5 サルボスープの基本は、素材、水、塩

○○○ 定番スープとアレンジ — 6

- 8 ミネストローネ
- 10 白いミネストローネ
- 11 根菜のミネストローネ
- 12 コーンポタージュ
- 14 ジンジャー風味のコーンポタージュ
- 15 豆乳コーンポタージュ
- 16 クラムチャウダー
- 18 クラムチャウダー・トマト味
- 19 ごろごろ野菜のクラムチャウダー
- 20 ヴィシソワーズ
- 22 ヴィシソワーズ・カレー風味
- 23 アンチョビー入りのヴィシソワーズ
- 24 ガスパッチョ
- 26 フルーツトマトとバゲットのガスパッチョ
- 27 白いガスパッチョ
- 28 きのこのスープ・パイ包み
- 30 きのこのクリームスープ・パイ包み
- 31 きのこのバジルスープ・パイ包み
- 32 オニオングラタンスープ
- 34 玉ねぎクイックグラタンスープ
- 35 焼き玉ねぎのグラタンスープ

○○○ 玉ねぎ、にんじん、じゃがいものスープ — 36

- 38 3つの野菜のポトフ風スープ
- 40 3つの野菜のカレー風味スープ
- 41 3つの野菜のツナ入りクリームスープ
- 42 3つの野菜のパセリスープ
- 43 3つの野菜の赤ワイン風味スープ
- 44 3つの野菜のスカンジナビア風スープ
- 45 3つの野菜の中近東風スープ
- 46 3つの野菜の中国風スープ
- 47 3つの野菜の韓国風スープ

○○○ ポタージュ — 48

- 50 かぶとクルミのポタージュ
- 52 にんじんと米のポタージュ
- 54 里芋と鶏手羽中のポタージュ
- 56 きのこと栗のポタージュ
- 58 長ねぎのポタージュ
- 59 ごぼうのポタージュ
- 60 カリフラワーのポタージュ
- 61 ほうれん草の豆乳ポタージュ
- 62 新玉ねぎとたけのこのポタージュ
- 64 アスパラガスのポタージュ
- 65 かぼちゃのポタージュ
- 66 トマトとパプリカのポタージュ
- 68 ひよこ豆のポタージュ
- 69 パンとチーズのポタージュ
- 70 焼きなすの冷たいポタージュ
- 72 ビーツの冷たいポタージュ
- 73 コーンとヨーグルトの冷たいポタージュ
- 74 アボカドの冷たいポタージュ
- 75 スモークサーモンときゅうりの冷たいポタージュ

毎日の サルボスープ — 76

- 78 クレソンといかのかき玉スープ
- 80 サラダ菜とハム、半熟卵のスープ
- 81 せん切りにんじんとソーセージのスープ
- 82 キャベツとベーコンのスープ
- 83 キャベツのタイム風味クリームスープ
- 84 完熟トマトの澄んだスープ
- 86 フルーツトマトの冷たいスープ
- 87 トマトとすいかの冷たいスープ
- 88 にんにくとパンのトマトスープ
- 89 しらすとアンチョビーのスープ
- 90 モロヘイヤと枝豆のスープ
- 92 大根と豚バラ肉のスープ
- 94 レンズ豆とサラミのスープ
- 96 干し白菜と貝柱のスープ
- 98 かぼちゃとココナッツミルクのスープ
- 99 豆腐と豆乳、ピーナッツのスープ

ディナースープ — 100

- 102 ピストゥスープ
- 104 鶏肉とさつまいものスープ
- 106 ボルシチ
- 108 ショルバ
- 110 肉団子とれんこんの春雨入りスープ
- 112 サーモンとほうれん草のミルクスープ
- 114 塩だらとセロリの生ハム入りスープ
- 116 めかじきとレモン、オリーブの南仏風スープ
- 118 えびのビスク
- 120 スープ・ド・ポワソン

122 スープと一緒に楽しむ「トーストパン」

アンチョビーガーリックトースト
マルゲリータ風トースト
アボカドトースト
ミックスチーズトースト

124 スープと一緒に楽しむ「パスタ」と「ライス」

スモークサーモンとハーブのパスタ
ひき肉のカルボナーラ風パスタ
サラミとコーンのピラフ
きのことドライトマトのピラフ

126 INDEX

＊材料表は、スープによって作りやすく、味わいを引き出しやすい分量で作っています。
＊冷たいスープに塩などで調味する場合は、塩が溶けてくるまで時間がかかるため、よく溶かしてから味見をしてください。
＊レシピ中でスープを粉砕するためにフードプロセッサーを使っていますが、ある程度の水分量以上を入れるとあふれるため、具材のみをワークボウルに入れて粉砕している場合があります。ミキサーを使用する場合は水分（煮汁）ごと入れてもOKです。
＊オーブンの温度、オーブンやオーブントースターの焼き時間は目安です。機種によって違いがあるので加減してください。
＊ガスコンロの火加減は、特にことわりのない場合は中火です。
＊電子レンジの加熱時間は500Wを基準にしています。様子をみながら加減してください。
＊計量単位は、1カップ＝200㎖、大さじ1＝15㎖、小さじ1＝5㎖です。
＊塩はフランス・ブルターニュ地方のゲランド産の自然塩（細粒のもの）を使っています。
＊イエローマスタードは、単にマスタードともいわれているもので、粒マスタードのような酸味がないのが特徴です。
＊オリーブオイルは、エキストラバージンオリーブオイルを使っています。
＊卵は、特にことわりのない場合はMサイズを使っています。

はじめに

「スープ」を飲む。
この「スープ」という言葉を思い浮かべるときに
いつも温かくてやさしい気持ちになるのはどうしてでしょう。
大きめのかたまりの肉や野菜が、少し深さのある器にごろごろとすべり落ち、
たっぷりの液体が注がれる様子は
少し大げさかもしれませんが、幸せの象徴のように思うのです。

フランス語では「スープ」は飲むを意味する BOIRE でなく、
MANGER を使って、食べると表現します。
私の中でのスープとは、まさに食べるスープがイメージです。
わざわざ食べたいもの、それだけでお腹いっぱいになるようなものたちです。
薄切りに切った具材がたくさん入っていたり、
ポタージュはときにどろっと濃く、あえて大きく切り分けた具材がたっぷり入り、
十分に煮込まれている煮込み料理のようなときもあります。
スープの形は多様で多彩です。
とても自由で、少し大げさかもしれませんがその可能性は無限にさえ思えます。

それでいて、毎日食べても飽きることがないのがスープ。
風邪をひいていても、悲しい気分で食欲がわかなくても、
夜遅くにお腹がすいてしまっても、スープであれば食べられる、
そんな不思議なところに惹かれています。
このひと皿で身体も心もなんだか満ち足りた気持ちになるような、
そんなスープを作れるといいなといつも思っているんです。

サルボ恭子

サルボスープの基本は、素材、水、塩

1 スープストックを作りおかなくても、具材がもつ力で十分おいしいスープが作れます。だから私は、スープストックもスープの素も使わず、**「水」**で作ります。

2 たくさんの素材を使うことがおいしいスープ作りではありません、少ない素材でも、その**「素材本来のうまみ」**を引き出すことでおいしさが生まれます。

3 うまみをたくさん含んでいる**「うまみ素材をひとつ」**使うことで、スープストックがいらなくなります。たとえば、少しのひき肉、ベーコン、ハムやサラミ、しらすやじゃこ、干しえびなど。

4 素材のおいしさを引き出す**「塩」**がスープの善し悪しを左右します。塩は、とがりのない、ミネラル豊富な自然塩を使うことがとても大事。私はいつもフランス・ブルターニュ地方のゲランドの塩(細粒)を使用しています。素材のうまみを最大限に引き出す塩を振るタイミングも見極めます。

定番スープとアレンジ

ミネストローネ、コーンポタージュ、クラムチャウダー、オニオングラタンスープ……。誰もが好きな、おなじみのスープメニューをラインナップ。さらにサルボ流のこだわりを加えたアレンジスープも紹介。レパートリーが増えれば、いつもと違う味の広がりを楽しむことができます。いつ食べてもおいしい、また食べたくなるスープばかりです。

a

b

c

ミネストローネ

材料 ■ 3〜4人分
じゃがいも　2個
にんじん　1/3本
玉ねぎ　1/2個
キャベツ　100g
セロリ　1/2本
さやいんげん　6本
ベーコン(かたまり)　60g
オリーブオイル　大さじ1
ダイストマト缶　1缶(400g)
水　1カップ
カッペリーニ(極細パスタ。乾燥)　5g
塩、こしょう　各適量
パルメザンチーズ(かたまり)　適量

1. じゃがいもは皮をむいて1.5cm角に切る。にんじんは皮をむいて1cm角に切り、玉ねぎ、キャベツ、セロリ、ベーコンも1cm角に切る。さやいんげんは1cm幅に切る。
2. 鍋にオリーブオイルを熱して**1**と塩小さじ1を入れて炒め(写真a)、玉ねぎが透明になったらトマト缶を入れ(写真b)、分量の水を加える。煮立ったら弱火にし、ふたをして5分ほど煮る。
3. カッペリーニを短く折って**2**に加え(写真c)、さらに5分ほど煮、塩とこしょうで味を調える。
4. 器に盛り、チーズをすりおろす。アンチョビーガーリックトースト(分量外。p.122参照)を添える。

○○○　ミネストローネはイタリア語で具だくさんという意味。
　○○　いろいろな野菜を入れるのが特徴で、定番のものにはトマトが必須。
　　　ここではカッペリーニを加えて
　　　ボリュームたっぷりに仕上げます。

○ **アンチョビーガーリックトースト**
p.122

白いミネストローネ

材料 ■ 2〜3人分
かぶ　2個
玉ねぎ　小1個
セロリ　1/2本
長ねぎ（白い部分）　20cm
鶏もも肉（皮なし）　60g
オリーブオイル　大さじ1 1/2
水　1 1/2カップ
生クリーム　2/3カップ
塩　適量
モッツァレラチーズ　1個（100g）

1. かぶは皮をむいて1cm角に切り、玉ねぎ、セロリ、鶏肉も1cm角に切る。長ねぎは1cm幅に切る。
2. 鍋にオリーブオイルを熱して1と塩小さじ1強を入れて炒め、鶏肉に火が通って玉ねぎが透明になったら分量の水と生クリームを加える。煮立ったら弱火にし、ふたを少しずらしてのせて5分ほど煮る。塩で味を調える。
3. チーズをちぎって2に加え（写真）、火を止めて余熱で溶かす。

○○○　白い色の野菜を使ったミネストローネは、鶏肉と生クリームを入れて
　○○　コクと深みを出し、モッツァレラチーズを加えて仕上げます。
　　　　チーズがとろりとしたところで、いただきます。

根菜のミネストローネ

材料 ■ 3〜4人分
れんこん　½節(80g)
にんじん　⅓本
さつまいも(細いもの)　½本
ごぼう(細いもの)　⅕本
小玉ねぎ　4個
オリーブオイル　大さじ1½
タイム　2本
塩　適量
水　3カップ

1. れんこん、にんじんは皮をむき、1.5cm角に切る。さつまいもは皮をむかずに1.5cm角に切る。ごぼうはブラシで皮をよく洗い、5mm幅の輪切りにする。小玉ねぎは上下を切り落として1cm幅の輪切りにし、バラバラにする。
2. 鍋にオリーブオイルを熱して1、塩小さじ1½、タイムを入れて炒め、ごぼうとにんじんがほぼやわらかくなったら分量の水を加え、煮立ったら弱火にし、ふたをして6分ほど煮る。塩で味を調える。
3. 器に盛り、オリーブオイル少々(分量外)を回しかける。

○○○　れんこん、ごぼう、にんじんなどの根菜をメインに、
○○　小玉ねぎとさつまいもの甘みを加えた、滋味豊かなスープ。
タイムの香りをほのかに効かせて、すっきりとした味わいに。

生のとうもろこしから作るポタージュは
フレッシュな香りと甘さがあり、
この上ないおいしさ。
フードプロセッサーで
どのくらいなめらかにするかは好みでOK。
スープの素を入れないので、
きれいな味に仕上がります。

コーンポタージュ

材料 ■ 3〜4人分
とうもろこし　2本
玉ねぎ　1個
バター（食塩不使用）　12g
薄力粉　大さじ1½
牛乳　2½カップ
塩　適量
食パン（8枚切り。耳なし）　⅛枚

1. とうもろこしは皮とひげ根を取り除き、包丁で身を削り取る（写真**a**）。玉ねぎは薄切りにする。

2. 鍋にバターを熱し、**1**と塩小さじ½を入れて炒め、玉ねぎがしんなりとしたら薄力粉を一気に加え（写真**b**）、よく炒めて粉っ気を飛ばす。牛乳2カップを加え（写真**c**）、煮立ったら弱火にしてふたをし、6分ほど煮る。

3. **2**の野菜をスプーンなどですくってフードプロセッサーに入れ（写真**d**）、攪拌して好みのなめらかさにする。

4. **3**を鍋に戻し、残りの牛乳を加えて再び火にかけて温め、とうもろこしの甘さが引き立つ程度に塩で味を調える。

5. 食パンは5mm角に切ってオーブントースターで軽く色づくまで焼く。

6. **4**を器に盛り、バター適量（食塩不使用。分量外）と**5**をのせる。

a

b

c

d

○○○ とうもろこしとしょうがを炒め、
○○ 牛乳は使用せず水だけで仕上げた、
まさに、とうもろこしを味わうためのポタージュ。
ハム＆コーンマヨをトッピングして
まろやかさを出します。

ジンジャー風味のコーンポタージュ

材料 ■ 2～3人分
とうもろこし　1½本
しょうが　1かけ
オリーブオイル　大さじ1
水　2カップ
塩　適量
ロースハム　½枚
マヨネーズ　大さじ1

1. とうもろこしは皮とひげ根を取り除き、包丁で身を削り取る。しょうがはみじん切りにする。

2. 鍋にオリーブオイルを熱し、とうもろこしと塩小さじ1を入れて炒め、しょうがを加えてさらに炒め（写真）、分量の水を加える。煮立ったら弱火にし、ふたをして8分ほど煮る。仕上げ用にとうもろこし大さじ2～3を取り分けておく。

3. 2の野菜をスプーンなどですくってフードプロセッサーに入れ、撹拌して好みのなめらかさにし、鍋に戻す。再び火にかけて温め、濃度が濃いようなら水適量（分量外）を加えて調整し、塩で味を調える。

4. ハムは5mm角に切り、2で取っておいたとうもろこしと合わせ、マヨネーズであえる。

5. 3を器に盛って4をのせる。

○○○ とうもろこしの風味と甘みが移った豆乳スープと
○○ とうもろこしのピュレをカップに入れ、
自分で混ぜていただくポタージュ。
豆乳スープにはとうもろこしの芯と
ひげ根を使うのがポイント。

材料 ■ 2〜3人分
とうもろこし　1本
水　80mℓ
豆乳（成分無調整）　3カップ
塩　少々

豆乳コーンポタージュ

1. とうもろこしは外側の皮を取り除き、内側のやわらかい皮とひげ根をむいて取りおく。実は包丁で削り取り、芯は取りおく。

2. 鍋に1の実と分量の水を入れてふたをして弱火にかけ、クツクツしてきたら5分ほど蒸し煮にし、火を止める。

3. 別鍋に1で取りおいた皮とひげ根、芯を入れ、豆乳を加え（写真）、ふたをして火にかけ、煮立ったら弱火にして10分ほど煮る。とうもろこしの風味がついたら皮とひげ根、芯を取り除き、塩で味を調える。

4. 2をフードプロセッサーに入れて攪拌し、ピュレ状にする。

5. 器に4を盛り、3を注ぐ。食べるときに混ぜる。

クラムチャウダーは、あさりやはまぐりなどの
二枚貝と野菜で作るスープ。
貝のうまみたっぷりのミルクスープは、
いつ食べても飽きないおいしさ。
仕上げにブールマニエを加えてコクとゆるいとろみをつけます。

a

b

c

d

クラムチャウダー

材料 ■ 2～3人分
あさり（砂出ししたもの＊）　20粒
水　1カップ
玉ねぎ　½個
じゃがいも　小2個
セロリ　½本
オリーブオイル　大さじ1½
塩　適量
牛乳　1½カップ
ブールマニエ
　バター（食塩不使用）　10g
　薄力粉　10g
パセリのみじん切り　適量
クラッカー　適量

＊あさりの砂出し
バットにあさりを重ねずに入れ、ひたひたより少なめに水を入れ、水の量の3%の塩を入れて溶かし、冷蔵庫で2～3時間おく。

1. あさりは分量の水とともに鍋に入れ、ふたをして火にかけ、煮立ってから1分ほどゆで、火を止めて5分おく。あさりと汁と分け（写真a）、あさりは殻から身をはずす。

2. 玉ねぎは横半分に切ってから3cm幅に切る。じゃがいもは皮をむいてくし形に切り、玉ねぎより少し厚めに切る。セロリは斜め3mm幅に切る。

3. 鍋にオリーブオイルを熱して2と塩小さじ1を入れて炒め、玉ねぎが透明になったら1の汁を加え（写真b）、牛乳も加える。煮立ったら弱火にしてふたをずらしてのせ、3分ほど煮る。

4. ブールマニエを作る。ボウルにバターを入れて室温においてやわらかくし、薄力粉を加えてゴムベラでよく練る（写真c）。

5. 3の鍋に4を少しずつ加えてなじませ（写真d）、1のあさりを加え、再び火にかけて3分ほど煮、塩で味を調える。

6. 器に盛り、パセリをのせる。クラッカーを添え、手で割ってスープに入れて食べる。

牛乳ではなくトマトを使って仕上げた、赤い色のクラムチャウダー。
クリーム味と同様あさりのうまみたっぷり。
生のトマトとトマトペーストを使うのが、おいしさのポイントです。

クラムチャウダー・トマト味

材料 ■ 2〜3人分
あさり (砂出ししたもの。p.17参照)
　　20粒
水　適量
玉ねぎ　1/3個
じゃがいも　小2個
にんじん　1/2本
ベーコン(かたまり)　30g
オリーブオイル　大さじ1 1/2
塩　適量
トマト　1個
トマトペースト　大さじ1

1. あさりは水1カップとともに鍋に入れ、p.17を参照してあさりの身と汁に分ける。

2. 玉ねぎはみじん切りにする。じゃがいもは皮をむいてくし形に切り、5mm厚さに切る。にんじんは皮をむいてじゃがいもより少し小さめに切り、ベーコンは5mm厚さの短冊切りにする。

3. 鍋にオリーブオイルを熱して2と塩小さじ1を入れて炒め、1の汁と水1 1/2カップを加える。煮立ったら弱火にし、ふたをずらしてのせて5分ほど煮る。

4. トマトはヘタと種を取って2cm角に切る。

5. 3に4、トマトペースト、1のあさりを加えてさらに3分ほど煮、塩で味を調える。

○○○ あさりより大ぶりのはまぐりを使い、
○○ 野菜も大きめに切って組み合わせます。
たらの切り身を1切れ加えて魚のうまみもプラス。
食べるスープといった感じ。

ごろごろ野菜のクラムチャウダー

材料 ■ 2～3人分
はまぐり（砂出ししたもの。p.17参照）
　8～10粒
水　1カップ
じゃがいも　小2個
にんじん　1/2本
キャベツ　1/6個
長ねぎ　1本
にんにく　1かけ
甘塩たら　1切れ
塩　適量
牛乳　2カップ
オリーブオイル　大さじ1½
ブールマニエ
　バター（食塩不使用）　10g
　薄力粉　10g

1. はまぐりは分量の水とともに鍋に入れ、p.17を参照してはまぐりの身と汁に分ける。

2. じゃがいもは皮をむいて大きめのひと口大に切り、にんじんは皮をむいてじゃがいもよりひと回り小さく切る。キャベツは3cm角に切る。

3. 長ねぎは粗みじん切りにし、にんにくはみじん切りにする。たらは皮と骨を取り除いて2cm幅に切る。

4. 鍋にオリーブオイルを熱して**3**を入れ、たらをほぐすように炒め、**1**の汁と牛乳を加える。**2**と塩小さじ½を入れ、煮立ったら弱火にし、ふたをずらしてのせて10分ほど煮る。

5. ブールマニエを作る。ボウルにバターを入れてやわらかくし、薄力粉を加えてゴムベラでよく練る。

6. **4**の鍋に**5**を少しずつ加えてなじませ、**1**のはまぐりを加えて3分ほど煮、塩で味を調える。

a b c
d e

○○○ ヴィシソワーズは冷たいじゃがいものスープのこと。
○○ 長ねぎを使うことによって、
香り高いおいしさが生まれます。
スープの素は使わず、
鶏手羽中を一緒に煮て深みのある味に仕上げます。

ヴィシソワーズ

材料 ■ 3〜4人分
じゃがいも　2個
長ねぎ(白い部分)　2本
鶏手羽中　6本
オリーブオイル　大さじ1½
塩　適量
水　1½カップ
生クリーム　½カップ
牛乳　1½カップ
あさつきの小口切り　適量

1. じゃがいもは皮をむき、薄いいちょう切りにする。長ねぎは1cm幅の小口切りにする。鶏肉は数カ所切り込みを入れて味が出やすいようにする（写真a）。
2. 鍋にオリーブオイルを熱し、長ねぎ、鶏肉、塩小さじ1を入れてよく炒め（写真b）、長ねぎがしんなりしたらじゃがいもを加えてさらに1分ほど炒める。
3. 2に分量の水を注いでふたをし、煮立ったら弱火にし、鶏肉が骨からすっと取れるくらいになるまで20分ほど煮る。
4. 手で鶏肉の骨を取り除き（写真c）、フードプロセッサーに3を移し（写真d）、なめらかになるまで攪拌する。ボウルに移して冷蔵庫で冷やす。
5. 4に生クリームと牛乳を加え（写真e）、よく混ぜ合わせ、塩で味を調える。
6. 器に盛ってあさつきをふる。マルゲリータ風トースト（分量外。p.122参照）を添える。

○ マルゲリータ風トースト p.122

ヴィシソワーズ・カレー風味

材料 ■ 2～3人分
じゃがいも（男爵） 2個
にんにく 1かけ
塩 適量
牛乳 2カップ
カレー粉 小さじ¼

○○○ シンプルな材料でパパッと手軽に作れる、
○○ 冷たいじゃがいものスープです。
カレー粉は入れすぎると粉っぽくなるので、
少なめでOK。それでも十分香りが生かされます。

1. じゃがいもは皮をむいて薄いいちょう切りにし、にんにくは薄切りにする。
2. 鍋に**1**、塩小さじ1、牛乳1½カップを入れて火にかけ、煮立ったら弱火にしてふたをずらしてのせ、じゃがいもが煮くずれるほどやわらかくなるまで6～7分煮る。
3. **2**をフードプロセッサーに入れ、カレー粉を加え、なめらかになるまで攪拌する。ボウルに移して冷蔵庫で冷やす。
4. **3**に残りの牛乳を加えてよく混ぜ、塩で味を調える。
5. 器に盛り、カレー粉少々（分量外）をふる。

セロリとディルの香り、アンチョビーの塩気が魅力的なヴィシソワーズの変わりレシピ。
スープとしてだけでなく、オードブルとしても人気です。

アンチョビー入りのヴィシソワーズ

材料 ■ 2〜3人分
じゃがいも　2個
セロリ　½本
アンチョビー　4本
塩　適量
牛乳　2カップ
オリーブオイル　適量
ディル(刻んだもの)　1本分

1. じゃがいもは皮をむいて薄いいちょう切りにし、セロリは薄切りにする。
2. 鍋にオリーブオイル大さじ1を熱してセロリ、アンチョビーを入れ、アンチョビーをつぶしながら炒め(写真)、じゃがいもを加えてさらに1分ほど炒める。牛乳1½カップを注ぎ、ふたをずらしてのせ、煮立ったら弱火にしてじゃがいもが煮くずれるまで6〜7分煮る。
3. 2をフードプロセッサーに入れ、塩小さじ½強を加え、なめらかになるまで攪拌する。ボウルに移して冷蔵庫で冷やす。
4. 3に残りの牛乳を加えてよく混ぜ、塩で味を調える。
5. 器に盛り、ディルをオリーブオイル少々であえてのせ、オリーブオイル少々を回しかける。

○ ○ ○　野菜が角切りで入っているものや
○ ○　　ピュレ状になっているものなど
　　　　ガスパッチョのレシピはさまざま。
　　　　ここではなめらかなタイプを作り、
　　　　きゅうりとトマトをトッピングして
　　　　アクセントにします。

材料 ■ 3〜4人分
トマト(完熟)　5個
パプリカ(赤)　1/4個
きゅうり　1/2本
水　1カップ
塩　適量
にんにく　1/4かけ
トッピング用トマト(5mm角に切ったもの)
　大さじ2
タバスコ　適量

ガスパッチョ

a

b

c

d

1. トマトはヘタをくり抜いて横半分に切り、種を取り除く。パプリカはヘタを取り除く。
2. 鍋に1、分量の水、塩小さじ1/2を入れてふたをして火にかけ、煮立ったら弱火にし、野菜が十分やわらかくなるまで12分ほど煮る(写真a)。
3. きゅうりは種の部分をスプーンでかき出し(写真b)、身は5mm角に切る。種の部分も取っておく。
4. フードプロセッサーに2、3のきゅうりの種の部分を入れ、にんにくをすりおろして加える(写真c)。なめらかになるまで攪拌し、ボウルに移して冷蔵庫で冷やす。濃度が濃いようなら水適量(分量外)を加えて薄め、塩で味を調える。
5. 別のボウルに3のきゅうりの身、トッピング用トマトを入れ、塩少々とタバスコを加え(写真d)、さっとあえる。
6. 器に4を盛り、5をのせる。アボカドトースト(分量外。p122参照)を添える。

○ アボカドトースト
p.122

○ ○ ○　フルーティーで甘いフルーツトマトとバゲットで作るシンプルなスープに、
○ ○　　たことズッキーニのジンジャーあえをトッピング。
　　　　全体に混ぜていただくと、さわやかでバランスのとれた味になります。

フルーツトマトとバゲットのガスパッチョ

材料 ■ 2～3人分
フルーツトマト　小8個(400g)
バゲット　10㎝
塩　適量
たことズッキーニのジンジャーあえ
　ゆでだこ(足)　1本(50g)
　ズッキーニ　1/3本
　塩　小さじ1/2
　紫玉ねぎのみじん切り
　　大さじ1½
　しょうがのすりおろし　大さじ1
　オリーブオイル　小さじ1

1. フルーツトマトはヘタを取って乱切りにする。バゲットは水適量(分量外)につけ、ふやけるまで1時間ほどおく。

2. フードプロセッサーにフルーツトマトと塩小さじ½を入れ、バゲットの水気を絞らずに加え、なめらかになるまで攪拌する。水分が足りなければ水を少量ずつ(分量外)加える。ボウルに移し、濃度が濃いようなら水適量(分量外)を足し、塩で味を調え、冷蔵庫で冷やす。

3. たことズッキーニのジンジャーあえを作る。たこはそぎ切りにする。ズッキーニは2㎜厚さの半月切りにし、塩をふって10分おき、水気を絞る。ボウルにたことズッキーニを入れ、紫玉ねぎ、しょうが、オリーブオイルを加えて混ぜ、冷蔵庫で冷やす。

4. 器に**2**を盛り、**3**をのせる。

○○○ 皮つきアーモンドとレーズン、にんにくとバゲット、牛乳など、
○○ 身近な素材で作る、ナッツの香りが特徴のガスパッチョレシピです。
飽きることのない、食べるスープのひとつです。

白いガスパッチョ

材料 ■ 2〜3人分
バゲット　10cm
アーモンド（皮つき）　50g
レーズン　20粒
白ワインビネガー　大さじ1½
水　1カップ
塩　適量
にんにく　小¼かけ
牛乳　1カップ
アーモンドスライス　適量

1. バゲットは水適量（分量外）につけ、ふやけるまで1時間ほどおく。アーモンドは水に10分ほどつけて皮をむく。

2. レーズンはワインビネガーをかけて20分ほどおいてふやかす。

3. フードプロセッサーに**1**のバゲットの水気を絞らずに入れ、レーズンとアーモンドを加え（写真a）、分量の水、塩小さじ½、にんにくを入れ、なめらかになるまで撹拌する（写真b）。

4. 3をボウルに移し、牛乳を加えて混ぜ、濃度が濃いようならさらに牛乳少々（分量外）を足して調整する。塩で味を調え、冷蔵庫で冷やす。

5. 器に盛り、アーモンドスライスをのせる。

a

b

きのこのスープにパイ生地のふたをしてオーブンで焼き上げた一品。
蒸し焼き状態で仕上がるので、パイを破いたとき、きのこの香りが
ふわっと広がります。きのこは1種類より数種類使った方がおいしい!

a

b

c

d

e

きのこのスープ・パイ包み

材料 ■ 2〜3人分
しいたけ　2個
しめじ　1パック
マッシュルーム　6個
玉ねぎ　⅙個
バター（食塩不使用）　10g
塩　適量
水　2½カップ
冷凍パイシート（15×15㎝のもの）　1枚
卵黄水（照り出し用）
　卵黄　1個分
　水　小さじ1

1. しいたけ、しめじ、マッシュルームは石づきを取り除き、しいたけとマッシュルームは縦薄切りにし、しめじはほぐして半分の長さに切る（写真a）。玉ねぎはみじん切りにする。

2. 鍋にバターを熱して**1**、塩小さじ1を入れて炒め（写真b）、きのこがしんなりして水分が十分に出たら分量の水を加え、煮立ったら弱火にしてふたをずらしてのせ、5分ほど煮る（写真c）。塩で味を調える。

3. パイシートは**4**で使う器の口で印をつけてひと回り大きく切る。

4. 耐熱性の器に**2**を盛り、天板にのせ、パイシートをかぶせ（写真d）、器にパイシートを押しつけてくっつける（写真e）。卵黄水の材料を混ぜ合わせ、刷毛でパイシートの表面にやさしくぬる。

5. 220℃に予熱したオーブンで10分ほど焼き、200℃に下げてさらに5分ほど焼く。

○○○　マッシュルームで作ったクリームスープにパイをかぶせて焼き上げます。
○○○　パイがあるだけで、ぐっと豪華になるのが魅力。パイをスープの中に
沈めながら食べてもよし、穴を開けてスープだけを食べても結構。

きのこのクリームスープ・パイ包み

材料 ■ 2人分

マッシュルーム　12個
オリーブオイル　小さじ1
塩　適量
薄力粉　大さじ1
牛乳　1½カップ
生クリーム　½カップ
ナツメグ　適量
冷凍パイシート(15×15cm)　1枚
卵黄水(照り出し用)
　卵黄　1個分
　水　小さじ1

1. マッシュルームは石づきを取り除き、みじん切りにする。
2. 鍋にオリーブオイルを熱し、1、塩小さじ½を入れて炒め、マッシュルームがしんなりして水分が出てきたら水分を飛ばすように1分ほど炒め、薄力粉を加えてダマにならないように手早く炒め、薄力粉に火を通すようにさらに1分ほど炒める。
3. 牛乳と生クリームを加えて混ぜ、煮立ったら弱火にし、塩とナツメグで味を調える。
4. パイシートは5で使う器の口で印をつけてひと回り大きく切る。
5. 耐熱性の器に3を盛り、天板にのせ、パイシートをかぶせて押しつけてくっつける。卵黄水の材料を混ぜ合わせ、刷毛でパイシートの表面にぬる。220℃に予熱したオーブンで10分ほど焼き、200℃に下げてさらに5分ほど焼く。

材料 ■ 2〜3人分
エリンギ　3本
マッシュルーム　4個
玉ねぎ　1/6個
にんにく　1/2かけ
バジル　12枚
オリーブオイル　大さじ1
塩　適量
水　3カップ
パルメザンチーズ(かたまり)　20g
冷凍パイシート(15x15cm)　1枚
卵黄水(照り出し用)
　卵黄　1個分
　水　小さじ1

○○○　フレッシュなバジルをたっぷりと入れた、
○○　ちょっぴりイタリアンなきのこスープ。パルメザンチーズはかたまりのものをすりおろして加えるのがポイント。パイ包みにすると香りが逃げません。

きのこのバジルスープ・パイ包み

1. エリンギは5mm角に切り、マッシュルームも石づきを取って5mm角に切る。玉ねぎ、にんにくはみじん切りにし、バジルはざっと刻む。

2. 鍋にオリーブオイルを熱して玉ねぎ、にんにくを炒め、エリンギ、マッシュルーム、塩小さじ1を加えてさらに炒め、きのこがしんなりして水分が十分に出たら分量の水を加える。煮立ったら弱火にしてふたをずらしてのせ、5分ほど煮る。塩で味を調える。

3. 2の火を止め、バジルを加え(写真)、チーズをすりおろして加える。

4. パイシートは5で使う器の口で印をつけてひと回り大きく切る。

5. 耐熱性の器に3を盛り、天板にのせ、パイシートをかぶせて押しつけてくっつける。卵黄水の材料を混ぜ合わせ、刷毛でパイシートの表面にぬる。220℃に予熱したオーブンで10分ほど焼き、200℃に下げてさらに5分ほど焼く。

玉ねぎをバターで
飴色になるまでしっかりと炒めるのがポイント。
この玉ねぎと甘さと香ばしさが、
おいしさを作ります。
ブランデーをほんの少し加えて
仕上げるのがサルボ流です。

材料 ■ 3人分
玉ねぎ　3個
にんにく　大1かけ
塩　適量
バター（食塩不使用）　15g
ブランデー　大さじ2
水　3½カップ
グリュイエールチーズ（かたまり）　40g
トッピング用
　バゲット（5mm厚さに切ったもの）　6枚
　にんにく　少々
　グリュイエールチーズ
　　（かたまり）　15g

オニオングラタンスープ

1. 玉ねぎは繊維に沿って薄切りにする。にんにくも薄切りにする。
2. 鍋にバターを熱して玉ねぎ、塩小さじ1を入れ、全体を混ぜながら炒めはじめる（写真a）。鍋が十分熱くなったら弱火強の火加減で最初は玉ねぎの水分を出すように焦がさずに炒める。十分に水分が出て玉ねぎがしんなりしてきたら、水分を飛ばすように鍋に玉ねぎを広げてしばらくしたら混ぜてを繰り返し、30分ほどかけて炒める。
3. 2の玉ねぎがねっとりと飴色になったらブランデーを加え（写真b）、アルコール分が飛ぶまでさらに炒め、分量の水を加える。煮立ったら弱火にして5分ほど煮て、塩で味を調える。火を止めてチーズをすりおろして加え、全体に混ぜる。
4. トッピング用のバゲットににんにくの切り口をこすりつけ、オーブントースターで表面の水分を飛ばす程度にカリッと焼く。
5. 耐熱性の器に3を盛って4を2枚ずつのせ、天板にのせる。チーズをすりおろしてかけ（写真c）、240℃に予熱したオーブンで10分ほど焼く。

a

b

c

○○○ 粗みじん切りにした玉ねぎで塩味スープを作り、
○○ マヨネーズチーズソースをのせてオーブンへ。
これだけでオニオングラタンスープのおいしさが
楽しめるのが魅力です。

玉ねぎクイックグラタンスープ

材料 ■ 2〜3人分
玉ねぎ　3個
水　3カップ
塩　適量
マヨネーズチーズソース
　マヨネーズ　大さじ5
　パルメザンチーズの
　　すりおろし　大さじ3
パン粉　適量

1. 玉ねぎは粗みじん切りにする。
2. 鍋に1、分量の水、塩小さじ1を入れてふたをして火にかけ、煮立ったら弱火にし、ときどきかき混ぜながら玉ねぎがつぶれるほど柔らかくなるまで10分ほど煮る。火を止めて塩で味を調える。
3. ボウルにマヨネーズとチーズを入れて混ぜ合わせ、マヨネーズチーズソースを作る。
4. 耐熱性の器に2を入れ、中央に3をのせて平らに広げ（写真）、パン粉を散らす。
5. 天板にのせ、240℃に予熱したオーブンで中央部分に焼き色がつくまで12分ほど焼く。

○○○ こんがりと焼いた香ばしくて甘い玉ねぎ、
○○ ベーコンとバルサミコ酢を入れたスープの組み合わせが美味。
バゲットを添えて一緒にオーブンで焼き上げます。

焼き玉ねぎのグラタンスープ

材料 ■ 2人分
玉ねぎ　1個
ベーコン　2枚
オリーブオイル　大さじ1
塩　適量
バルサミコ酢　大さじ1½
水　2½カップ
こしょう　適量
シュレッドチーズ　40g
バゲット　12cm

1. 玉ねぎは上下を切り落として横半分に切る。ベーコンは細切りにする。

2. 鍋にオリーブオイルを熱して玉ねぎの切り口を下にして入れ、塩小さじ½をふってふたをする。弱火強でしばらく動かさずにじっくりと焼き、しっかりと焼き色がついたらひっくり返す（写真）。

3. ペーパータオルで鍋の余分な油を拭き取り、バルサミコ酢を加え、ひと呼吸おいてから分量の水とベーコン、塩小さじ½を加える。煮立ったら弱火にし、ふたをして玉ねぎが9割がたやわらかくなるまで煮る。塩とこしょうで味を調える。

4. 耐熱性の器に **3** を入れ、チーズをのせ、バゲットを半分に切って縦割りにして添える。天板にのせ、240℃に予熱したオーブンで4～5分焼く。

いつも家にあるおなじみの野菜といえば、玉ねぎ、にんじん、じゃがいも。この3つの常備野菜を主役にしたスープを紹介。塩味、トマト味、ハーブやスパイスを利かせたもの……など、飽きない工夫が目白押し。うまみ出しに、ほんの少しのベーコンやひき肉、缶詰などを使うのがサルボ流。スープの素やスープストックがなくても、おいしいスープが日々楽しめます。

○○○ ごろっとしたじゃがいもと輪切りのにんじん、
○○ くし形の玉ねぎ、厚切りベーコンの組み合わせ。
ほんのりローリエの香り。
ベーコンのうまみが出たスープと
うまみを吸った野菜がしみじみおいしい！

3つの野菜のポトフ風スープ

材料 ■ 3〜4人分
玉ねぎ　1個
にんじん　1本
じゃがいも　2個
ベーコン（かたまり）　100g
ローリエ　1枚
塩　適量
水　3カップ
粗びき黒こしょう　適量

1. 玉ねぎは1.5cm幅のくし形切りにし、にんじんは1.5cm厚さの輪切りにする。じゃがいもは皮をむいて4つ割りにする。ローリエも用意する（写真a）。

2. ベーコンは1cm厚さに切る（写真b）。

3. 鍋ににんじん、じゃがいも、ベーコンを入れ、分量の水、塩小さじ1、ローリエを加えて火にかける。煮立ったら弱火にし、ふたをして6分ほど煮る。

4. 3に玉ねぎを加え（写真c）、さらに6分ほど煮、塩で味を調える。

5. 器に盛り、こしょうをふる。ミックスチーズトースト（分量外。p.122参照）を添える。

a

b

c

○ ミックスチーズトースト
p.122

○ ○ ○ 3つの常備野菜にコンビーフとカレー粉を加えて仕上げた、
○ ○ ごくごく簡単なスープ。カレー粉は好みのもので OK。
よく炒めて粉っぽさをなくし、香りを立たせます。

3つの野菜のカレー風味スープ

材料 ■ 2～3人分
玉ねぎ 1/4個
じゃがいも 1 1/2個
にんじん 1/2本
オリーブオイル 小さじ1
コンビーフ 40g
塩 適量
カレー粉 小さじ 2/3
水 2 1/2カップ

1. 玉ねぎは1.5cm角に切り、じゃがいもは皮をむいて1.5cm角に切る。にんじんは1cm厚みのいちょう切りにする。
2. 鍋にオリーブオイルを熱してコンビーフを入れ、ほぐすようにしながら炒め、じゃがいも、にんじん、塩小さじ1 1/2、カレー粉を加え、さらに2分ほど炒める。
3. 分量の水、玉ねぎを加え、煮立ったら弱火にしてふたをして8分ほど煮る。塩で味を調える。

薄切りにした玉ねぎ、にんじん、じゃがいもにツナを加え、
牛乳と生クリームで仕上げた、やさしい味のスープ。
あっさり仕上げたい場合は、生クリームの代わりに牛乳を増量しても。

3つの野菜のツナ入りクリームスープ

材料 ■ 2〜3人分
　玉ねぎ　¼個
　じゃがいも　小1½個
　にんじん　½本
　ツナ缶　小1缶
　オリーブオイル　小さじ1
　牛乳　1カップ
　生クリーム　1½カップ
　ローリエ　1枚
　塩、こしょう　各適量

1. 玉ねぎは薄切りにし、じゃがいもは皮をむいて5mm厚さの輪切りにする。にんじんはじゃがいもより少し薄めの輪切りにする。ツナは油を軽くきる。

2. 鍋にオリーブオイルを熱してツナを入れ、ほぐすようにしながら炒める。玉ねぎ、じゃがいも、にんじん、塩小さじ1を加えてさらに2分ほど炒める。

3. 2に牛乳と生クリーム、ローリエを加え、煮立ったら弱火にし、ふたをずらしてのせて6分ほど煮る。塩で味を調える。

4. 器に盛り、こしょうをふる。

○○○ 香味野菜のパセリ、おろしたてのパルメザンチーズがおいしさの要。
○○ 水と塩で作ったシンプルなスープですが、
すっきりとした味わいで、これだけで十分おいしい！

3つの野菜のパセリスープ

材料 ■ 2〜3人分
玉ねぎ　1個
じゃがいも　1個
にんじん　1本
パセリ　1本
塩　適量
水　3カップ
パルメザンチーズ(かたまり)
　適量

1. 玉ねぎは1cm角に切り、じゃがいもも皮をむいて1cm角に切る。にんじんはじゃがいもより少し小さめの角切りにする。

2. パセリはかたい軸の部分は取り除き、適当な大きさにちぎる。

3. 鍋に1、塩小さじ1½強、分量の水を入れて火にかけ、煮立ったら弱火にしてふたをして8分ほど煮る。パセリを加え、塩で味を調える。

4. 器に盛り、チーズをたっぷりとすりおろす。

○ ○ ○ 蒸し焼きにした玉ねぎがおいしさのポイント。
○ ○ ここに赤ワインを加えて煮詰め、水を注いでスープにします。
仕上げに生ハムを入れてちょっぴりリッチなテイストに。

材料 ■ 2〜3人分
玉ねぎ　1個
じゃがいも　1個
にんじん　½本
オリーブオイル　小さじ1
塩　適量
赤ワイン
　（ミディアムボディかフルボディ）　80ml
水　3½カップ
生ハム　2枚

3つの野菜の赤ワイン風味スープ

1. 玉ねぎは1cm幅の輪切りにし、バラバラにする。じゃがいも、にんじんは皮をむいてみじん切りにする。

2. 鍋にオリーブオイルを熱して玉ねぎと塩小さじ½を入れてさっと混ぜてふたをし、弱火強でしばらく動かさずに3〜4分蒸し焼きにする。玉ねぎの上下を返して塩小さじ½をふって再びふたをし、3〜4分焼き、さらに上下を返して3〜4分焼く。

3. 2に赤ワインを注いでアルコール分が飛ぶまで煮詰め、じゃがいも、にんじん、分量の水を入れて火を強め、煮立ったら弱火にしてふたをして5分ほど煮る。

4. 生ハムをちぎって加え（写真）、さらに1分ほど煮、塩で味を調える。

○○○ うまみ出しにオイルサーディンとドライトマトを入れ、
○○ 相性のよいディルでさわやかな香りをつけた一品。
仕上げにサワークリームをトッピングすると、おいしさ倍増。

３つの野菜のスカンジナビア風スープ

材料 ■ 2～3人分
にんじん　½本
玉ねぎ　¼個
じゃがいも　小1個
オイルサーディン　½缶（35g）
ドライトマトのみじん切り
　大さじ1
ディル　4本
オリーブオイル　小さじ1
水　3カップ
塩、こしょう　各適量
サワークリーム　適量

1. 玉ねぎは1cm幅のくし形に切り、じゃがいもは皮をむいて1.5cm幅のくし形に切る。にんじんは5mm厚さの半月切りにする。

2. オイルサーディンは油を軽くきる。ディルは1cm幅に切る。

3. 鍋にオリーブオイルを熱してオイルサーディンとドライトマトを入れ、軽くほぐしながら炒め、ディルを加えてさらに1分ほど炒める（写真）。

4. 1、分量の水、塩小さじ1を加えて中火にし、煮立ったら弱火にしてふたをし、8分ほど煮る。塩、こしょうで味を調える。

5. 器に盛り、サワークリームをのせる。

○○○　じゃがいもとにんじんを大きく切ってコトコト煮た、
○○　ボリューム感のあるおかずスープ。ひき肉をうまみ出しに使い、
　　　クミンとパプリカパウダーを入れてスパイシーに仕上げます。

3つの野菜の中近東風スープ

材料 ■ 2〜3人分
じゃがいも（メイクイーン）　小2個
にんじん　1本
玉ねぎ　小1/4個
オリーブオイル　大さじ1
にんにくのみじん切り　1/2かけ分
牛ひき肉　160g
クミンパウダー　大さじ1
パプリカパウダー　大さじ1 1/2
塩、こしょう　各適量
水　3カップ
イタリアンパセリ　少々

1. じゃがいもは縦2〜4つ割りにする。にんじんは4〜5cm長さに切って縦2〜4つ割りにする。玉ねぎはみじん切りにする。

2. 鍋にオリーブオイルを熱してにんにく、ひき肉、玉ねぎ、クミンパウダー、パプリカパウダーを入れ（写真）、ひき肉をほぐしながら炒める。ひき肉の色が変わったら、じゃがいもとにんじん、塩小さじ1 1/2を加えてさらに3分ほど炒める。

3. 分量の水を加えて中火にし、煮立ったら弱火にしてふたをして15分ほど煮る。塩、こしょうで味を調える。

4. 器に盛り、イタリアンパセリをのせる。

○○○ うまみ出しに帆立貝柱を使い、炒め油はごま油、
○○ ごまとしょうがの香りを利かせた、アジアンテイスト。
中華だしの素などは入れない、すっきりとした後味が魅力です。

3つの野菜の中国風スープ

材料 ■ 2～3人分
玉ねぎ 1/4個
じゃがいも 1個
にんじん 1/2本
しょうがの薄切り 1/2かけ分
帆立貝柱水煮 1缶(125g)
ごま油 大さじ2
塩、こしょう 各適量
白すりごま 大さじ3
水 3カップ

1. 玉ねぎは5mm幅に切り、じゃがいもとにんじんは皮をむいて1cm厚さの短冊切りにする。貝柱はほぐし、缶汁もとっておく。
2. 鍋にごま油を熱してしょうが、玉ねぎを入れて炒め、貝柱、塩小さじ1 1/2、じゃがいも、にんじんを加えてさっと炒める。
3. 分量の水、貝柱の缶汁を加えて中火にし、煮立ったら弱火にしてごまを加え、ふたをして4分ほど煮る。塩、こしょうで味を調える。

○○○ 干ししいたけでうまみを出し、にんにくと赤唐辛子、
 ○○ 韓国のりでアクセントを加えて仕上げます。
油はここではオリーブオイルを使いましたが、好みでほかの油でも。

3つの野菜の韓国風スープ

材料 ▪ 2〜3人分
玉ねぎ 1/4個
じゃがいも 小1個
にんじん 1/2本
干ししいたけ 大2枚
オリーブオイル 小さじ1強
にんにくのみじん切り 1かけ分
塩 適量
水 2 1/2カップ
赤唐辛子の小口切り 1/2本分
韓国のり 6枚

1. 干ししいたけをぬるま湯1/2カップに30分ほどつけて戻し、薄切りにする。戻し汁は取っておく。

2. 玉ねぎは5mm幅に切り、じゃがいもは皮をむいて3mm幅の半月切りにする。にんじんはじゃがいもより少し薄めの半月切りにする。

3. 鍋にオリーブオイルを熱してにんにくを炒め、香りが立ったら2と塩小さじ1 1/2を加えて3分ほど炒める。分量の水、1のしいたけと戻し汁、赤唐辛子を入れ、煮立ったら弱火にしてふたをして5分ほど煮る。塩で味を調える。

4. 器に盛り、韓国のりをちぎってのせる。

口当たりがよくてクリーミー。そんなポタージュは、みんな大好き。野菜のおいしさをストレートに楽しめるのが魅力だし、無理なく野菜が摂れるのもうれしい。ここでは、野菜だけにとどまらず、野菜×ナッツ、野菜×肉、野菜×チーズなど、サルボ流のおいしい組み合わせを紹介。どれも滋養があって体にも心にもしみわたります。

a

b

c

○○○　かぶのポタージュはそれだけでもおいしくやさしい味わいですが、
○○　ここではクルミを加えてナッツの芳しさをプラスします。
スープの濃度はあまり薄くせず、かぶを食べるためのスープにします。

かぶとクルミのポタージュ

材料 ■ 3〜4人分
かぶ　5個
玉ねぎ　½個
クルミ　90g
水　2½カップ
塩　適量

1. かぶは皮つきのままよく洗って1.5cm角に切る。玉ねぎも同じくらいの大きさに切る。

2. クルミはオーブンペーパーを敷いた天板に広げ、150℃に予熱したオーブンで10分ほどローストする（写真a）。

3. 鍋に1を入れ、分量の水と塩小さじ1を加えて中火にかけ、煮立ったら弱火にしてふたをし、かぶがつぶれるほどやわらかくなるまで15分ほど煮る（写真b）。

4. 3の野菜をフードプロセッサーに入れてクルミを加え（写真c）、攪拌してなめらかにする。

5. 4を鍋に戻して弱火で温め、濃度が濃いようなら水適量（分量外）を加えて調整し、塩で味を調える。

a

b

c

d

e

材料 ■ 2～3人分
にんじん　2本
米　大さじ2
塩　適量
水　2カップ
牛乳　¼カップ
バター（食塩不使用）
　　適量（1人10g目安）

○○○　目にも鮮やかなにんじんのポタージュは、人気の定番。
　○○　にんじんと一緒に米をやわらかく煮てフードプロセッサーにかければ
　　　自然なとろみがついて、にんじんの甘さも際立ちます。

にんじんと米のポタージュ

1. にんじんは皮つきのままよく洗って1.5cm角に切る。米はさっと洗って水気をきる。

2. 鍋ににんじん、分量の水、塩小さじ1、米を入れて中火にかけ（写真a）、煮立ったら弱火にしてふたをし、にんじんがつぶれるほどやわらかくなるまで20分ほど煮る（写真b）。

3. 2のにんじんと米をフードプロセッサーに入れ（写真c）、攪拌してなめらかにする（写真d）。

4. 3を鍋に戻して牛乳を加え（写真e）、弱火で温め、濃度が濃いようなら牛乳適量（分量外）を加えて調整し、塩で味を調える。

5. 器に盛り、バターをのせる。

里芋本来のおいしさに玉ねぎの甘みを
加えた、滋味深い味わいが魅力。
スープの素は使わず、鶏手羽中を入れて
だしを取り、鶏肉も具としていただきます。
鶏肉にナツメグで下味をつけておくと
隠し味になります。

里芋と鶏手羽中のポタージュ

材料 ■ 2〜3人分
里芋　10個
玉ねぎ　½個
鶏手羽中　10〜11本
ナツメグ　少々
オリーブオイル　大さじ1½
水　2カップ
塩、こしょう　各適量

1. 里芋は皮をむいて洗い、1.5cm角に切る。玉ねぎも同じくらいの大きさに切る。
2. 鶏肉は切り込みを数か所入れてナツメグをふる（写真a）。
3. 鍋にオリーブオイルを熱して鶏肉の皮目を下にして並べ入れ、そのまま動かさずに焼いて焼き色をつける。皮が自然に鍋からはがれるようになったらひっくり返し、色が変わる程度に焼いていったん取り出す。
4. 3の鍋の脂をペーパータオルで拭き取り、1、分量の水、塩小さじ1½を入れ、3の鶏肉を戻し入れる（写真b）。中火にかけ、煮立ったら弱火にしてふたをし、里芋がつぶれるほどやわらかくなるまで20分ほど煮る。鶏肉はいったん取り出す。
5. 4の野菜をフードプロセッサーに入れ（写真c）、撹拌してなめらかにする。
6. 5を鍋に戻し、4の鶏肉を戻し入れ（写真d）、弱火で温める。濃度が濃いようなら水適量（分量外）を加えて調整し、塩、こしょうで味を調える。

a

b

c

d

○○○　秋になったら必ず作る、サルボ家の定番スープ。
○○　難しそうにみえて実は簡単、
栗は甘栗を使うから手軽です。
マッシュルーム、じゃがいも、甘栗の
組み合わせが絶妙。

a

b

c

きのこと栗のポタージュ

材料 ■ 2〜3人分
マッシュルーム　8個
じゃがいも　1個
甘栗　120g
オリーブオイル　大さじ1
塩　適量
牛乳　2カップ

1. マッシュルームは石づきを取り、飾り用に1/3個を切らずにおき、残りは薄切りに切る。じゃがいもは皮をむいて薄いいちょう切りにする。
2. 鍋にオリーブオイルを熱して飾り用マッシュルーム以外の1を入れて炒め（写真a）、マッシュルームがしんなりしてじゃがいもが透き通ってくるまで炒める。
3. 塩小さじ1と牛乳を加え（写真b）、煮立ったら弱火にしてふたをし、じゃがいもがつぶれるほどやわらかくなるまで10分ほど煮る。
4. 3をフードプロセッサーに入れ、甘栗を加え（写真c）、攪拌してなめらかにする。
5. 4を鍋に戻して弱火で温め、濃度が濃いようなら牛乳適量（分量外）を加えて調整し、塩で味を調える。
6. 器に盛り、取っておいたマッシュルームをごく薄切りにして飾る。

○○○ 長ねぎの甘さと香りが存分に楽しめる、とっておき。
○○ じゃがいもでとろみをつけ、ベーコンでうまみとコクをプラス。
仕上げにふるこしょうがアクセントになります。

長ねぎのポタージュ

材料 ■ 2〜3人分
長ねぎ（太め）　3本
じゃがいも　2個
ベーコン　1½枚
塩　適量
牛乳　2½カップ
黒こしょう　適量

1. 長ねぎは1cm幅の輪切りにし、じゃがいもは皮をむいて長ねぎと同じような大きさに切る。ベーコンはごく細切りにする。
2. 鍋に1、塩小さじ1、牛乳を入れて中火にかけ、煮立ったら弱火にしてふたをずらしてのせ、じゃがいもがつぶれるほどやわらかくなるまで15分ほど煮る。
3. 2の野菜とベーコンをフードプロセッサーに入れ、攪拌してなめらかにする。
4. 3を鍋に戻して弱火で温め、濃度が濃いようなら牛乳適量（分量外）を加えて調整し、塩で味を調える。
5. 器に盛り、こしょうをふる。

○○○ ごぼう、玉ねぎ、鶏ひき肉、しょうがの組み合わせが新鮮。
○○ オリーブオイルで炒めてうまみと風味を出すのがポイント。
水と塩だけで煮て、器に盛ってから生クリームをたらします。

ごぼうのポタージュ

材料 ■ 2～3人分
ごぼう　2本
玉ねぎ　小1/6個
しょうがの薄切り　2枚
オリーブオイル　小さじ1
鶏ひき肉　60g
塩　適量
水　2カップ
生クリーム
　　適量（1人小さじ1が目安）

1. ごぼうは皮をよく洗って5mm角に切り、玉ねぎも同じくらいの大きさに切る。しょうがは細切りにする。
2. 鍋にオリーブオイルを熱してひき肉を炒め、色が変わってきたらごぼう、玉ねぎ、しょうが、塩小さじ1を加え、ひき肉がポロポロになるまでさらに炒める。
3. 分量の水を加え、煮立ったらアクを取って弱火にし、ふたをしてごぼうがつぶれるほどやわらかくなるまで20分ほど煮る（写真）。
4. 3の野菜とひき肉をフードプロセッサーに入れ、攪拌してなめらかにする。
5. 鍋に戻し入れて弱火で温め、濃度が濃いようなら水適量（分量外）を加えて調整し、塩で味を調える。
6. 器に盛り、生クリームをたらす。

○○○ クセのないカリフラワーで作ったポタージュはやさしい味わい。
○○ 牛乳と生クリームを同量加えて、ミルキーに仕上げます。
カマンベールチーズとこしょうをトッピングするのがサルボ式。

カリフラワーのポタージュ

材料 ■ 2〜3人分
カリフラワー　400g
塩　適量
水　1½カップ
ローリエ　1枚
牛乳　¼カップ
生クリーム　¼カップ
カマンベールチーズ　適量
粗びき黒こしょう　適量

1. カリフラワーは芯の部分も含めて1.5cm角に切る。
2. 鍋に1、塩小さじ1、分量の水、ローリエを入れて火にかけ、煮立ったら弱火にしてふたをし、カリフラワーがつぶれるほどやわらかくなるまで20分ほど煮る。
3. ローリエは取り除き、カリフラワーをフードプロセッサーに入れ、攪拌してなめらかにする。
4. 鍋に戻し入れて牛乳と生クリームを加えて弱火で温め、濃度が濃いようなら牛乳適量（分量外）を加えて調整し、塩で味を調える。
5. 器に盛り、カマンベールを5mm幅のくし形切りにしてのせ、こしょうを散らす。

ほうれん草、玉ねぎ、鮭を組み合わせた、
シチューのような味わいのポタージュ。
ここでは豆乳と牛乳を使いましたが、
豆乳が苦手な人は全量を牛乳に、
もっとヘルシーに仕上げたい人は全量を豆乳にしても。

ほうれん草の豆乳ポタージュ

材料 ■ 2〜3人分
ほうれん草　200g
玉ねぎ　½個
生鮭　1切れ
オリーブオイル　大さじ1
塩　適量
豆乳　2カップ
牛乳　¼カップ

1. ほうれん草は軸と葉に分け、軸は縦4等分に切り込みを入れてさき、1.5cm幅に切る。玉ねぎは粗みじん切りにする。鮭は皮と骨を除いて1.5cm幅に切る。

2. 鍋にオリーブオイルを熱し、ほうれん草の葉以外の**1**、塩小さじ1を入れ、鮭をほぐしながら炒める。豆乳と牛乳を加え、煮立ったら弱火にしてふたをずらしてのせ、ほうれん草の軸がやわらかくなるまで12分ほど煮る。ほうれん草の葉を加えてさらに3分煮る（写真）。

3. **2**の野菜と鮭をフードプロセッサーに入れ、撹拌してなめらかにする。

4. 鍋に戻し入れて弱火で温め、濃度が濃いようなら豆乳適量（分量外）を加えて調整し、塩で味を調える。

春になると作るのが、
やわらかい新玉ねぎと香りのよいたけのこを
取り合わせたポタージュ。
ここではいつでも作れるように、
水煮たけのこを用いたレシピを紹介。
仕上げにオリーブオイルをたらして
いただきます。

材料 ■ 2〜3人分
新玉ねぎ　大1個
たけのこ（水煮）　2本（240g）
オリーブオイル　小さじ1
塩　適量
水　1½カップ

a

b

c

d

新玉ねぎとたけのこのポタージュ

1. 玉ねぎは1.5cm角に切る。たけのこは飾り用に穂先3cmを残し、1.5cm角に切る。

2. 飾り用に残しておいたたけのこは5mm幅のくし形に切り、オリーブオイルをまぶし、オーブンシートを敷いた天板に並べ、オーブントースターで焼いて軽く焼き色をつける（写真a）。

3. 鍋に1、塩小さじ1、分量の水を入れて火にかけ、煮立ったら弱火にしてふたをし、玉ねぎがつぶれるほどやわらかくなるまで15分ほど煮る（写真b）。

4. 3の玉ねぎとたけのこをフードプロセッサーに入れ、撹拌してなめらかにする（写真c）。

5. 鍋に戻し入れて弱火で温め、濃度が濃いようなら水適量（分量外）を加えて調整し（写真d）、塩で味を調える。

6. 器に盛り、2をのせ、オリーブオイル少々（分量外）をたらす。

○ ○ ○　出盛りの緑鮮やかなグリーンアスパラガスに
　○ ○　甘み出しの玉ねぎを少し加え、あとは塩と水だけ。
　　　　アスパラガスを楽しむためのシンプルなポタージュ。

アスパラガスのポタージュ

材料 ■ 2〜3人分
グリーンアスパラガス　8本
玉ねぎ　½個
塩　適量
水　2カップ

1. アスパラガスは根元に近いかたい部分は切り落とし、3cm長さに切る。仕上げ用に2mm幅の輪切りを10枚残しておく。
2. 玉ねぎは1.5cm角に切る。
3. 鍋に仕上げ用以外のアスパラガス、玉ねぎ、塩小さじ1、分量の水を入れて中火にかけ、煮立ったら弱火にしてふたをし、アスパラガスがつぶれるほどやわらかくなるまで15分ほど煮る。
4. 3のアスパラガスと玉ねぎをフードプロセッサーに入れ、攪拌してなめらかにする。
5. 鍋に戻し入れ、仕上げ用のアスパラガスを加えて温め、濃度が濃いようなら水適量(分量外)を加えて調整し、塩で味を調える。

○○○ かぼちゃと相性のいいスパイス、
○○ シナモンパウダーとクミンパウダーで風味をつけた、
ちょっぴりエキゾチックなスープ。
塩を入れて煮ることで、かぼちゃの甘みが引き立ちます。

かぼちゃのポタージュ

材料 ■ 3〜4人分
かぼちゃ　600g
塩　適量
水　2⅔カップ
シナモンパウダー　小さじ1
クミンパウダー　小さじ1½

1. かぼちゃは皮、種、ワタつきのままラップをし、レンジで約3分加熱する。皮を薄くむき、種とワタを除き、2.5cm角に切る。

2. 鍋に1を入れ、塩小さじ1弱、分量の水、シナモンパウダー、クミンパウダーを入れて中火にかける。煮立ったら弱火にしてふたをし、かぼちゃがつぶれるほどやわらかくなるまで20分ほど煮る。

3. 2のかぼちゃをフードプロセッサーに入れ、攪拌してなめらかにする。

4. 鍋に戻して温め、濃度が濃いようなら水適量（分量外）を加えて調整し、塩で味を調える。

○ **スモークサーモンとハーブのパスタ**
p.124

○○○ フルーツトマトと
○○ 赤いパプリカの甘さ、香り、味がミックスされた、
見ただけで元気になれそうなスープ。
パプリカパウダーをちょっぴり加えて、
色鮮やかに仕上げます。

トマトとパプリカのポタージュ

材料 ■ 2〜3人分
フルーツトマト　3個
パプリカ(赤)　2個
にんにく　1かけ
塩　適量
パプリカパウダー　大さじ½
水　2カップ

1. トマトはヘタを取って2cm角に切り、パプリカはヘタと種を取って2cm角に切る。
2. 鍋に**1**、にんにく、塩小さじ1弱、パプリカパウダー、分量の水を入れて火にかけ、煮立ったら弱火にしてふたをし、トマトとパプリカがつぶれるほどやわらかくなるまで20分ほど煮る(写真a)。
3. **2**のトマト、パプリカ、にんにくをフードプロセッサーに入れ(写真b)、撹拌してなめらかにする(写真c)。
4. 鍋に戻して温め、濃度が濃いようなら水適量(分量外)を加えて調整し、塩で味を調える。
5. 器に盛り、スモークサーモンとハーブのパスタ(分量外。p.124参照)を添える。

a

b

c

ひよこ豆のポタージュ

材料 ■ 3〜4人分
ひよこ豆(乾燥) 1カップ
にんにく 大1かけ
水 3カップ
塩 小さじ1
香菜 2本
オリーブオイル 適量

1. ひよこ豆はさっと洗ってボウルに入れ、分量の水を加え、冷蔵庫にひと晩入れてふやかす。
2. 1をつけ水ごと鍋に入れ、にんにくを加えて火にかけ、煮立ったらアクを取って弱火にしてふたをし、ひよこ豆がやわらかくなるまで40分ほど煮る。途中水分が蒸発して豆が水面から出ていたら随時水(分量外)を足す。
3. 2のひよこ豆とにんにくをフードプロセッサーに入れ、攪拌してなめらかにする。
4. 鍋に戻して温め、塩で調味する。濃度が濃いようなら水適量(分量外)を加えて調整する。
5. 器に盛り、香菜を2㎝幅に切って散らし、オリーブオイルを回しかける。

○○○ 豆のポタージュは口当たりがよくて食べやすく、滋味のある味わい。
　○○ ここではひよこ豆を使ったレシピを紹介。
　　　塩加減は好みで調整し、香菜の香りとともにいただきます。

パンとチーズのポタージュ

材料 ■ 2〜3人分
食パン（8枚切り、耳なし） 2枚
コンテチーズ（かたまり） 25〜30g
牛乳 3カップ
塩 適量
コンテチーズのすりおろし 適量

1. チーズは1cm角に切る。
2. 鍋に食パンを大きめにちぎって入れ、牛乳と塩小さじ1弱を加えて火にかける。
3. 煮立ってきたら1を加えて弱火にし、チーズが溶けてパンがふやけるまで煮る。塩で味を調える。
4. 器に盛り、チーズのすりおろしをふる。

○○○ 食パン、チーズ、牛乳、塩。たったこれだけの材料で
 ○○ 簡単に作れるのが魅力。体にやさしく、和食で言えばお粥のようなもの。
    塩とチーズの分量は好みで加減します。

○○○ 夏になると食べたくなる、なすと昆布だしを使った特製スープ。
○○ なすは焼きなすにして香ばしさと甘さを出し、
バルサミコ酢につけたレーズンをアクセントにします。

焼きなすの冷たいポタージュ

材料 ■ 2〜3人分
なす　7本
昆布（だし用）　5×7cm 1枚
水　2カップ
レーズン　大さじ1強
バルサミコ酢　大さじ1½
塩　小さじ1弱
イタリアンパセリ（葉先）　少々

1. 昆布はさっと洗って水1カップに浸して冷蔵庫にひと晩入れてだしを取る（写真a）。昆布は取り除く。

2. なすはアルミホイルやオーブンシートを敷いた天板にのせ、240℃に予熱したオーブンで10分ほど、皮が黒くなってはじけるくらいまで焼く（写真b）。

3. **2**のなすのヘタを切り落として皮をむき、仕上げ用に1cm厚さの輪切りにしたものを8切れ取り分け、残りは3等分の長さに切る（写真c）。

4. レーズンは粗みじん切りにしてボウルに入れ、バルサミコ酢をかけて軽くふやかす。

5. **3**の飾り用以外のなすをフードプロセッサーに入れ、攪拌してなめらかにする。ボウルに移し、**1**の昆布だし、水1カップ、塩を加えてよく混ぜ、冷蔵庫で冷やす。

6. 器に盛り、**3**の仕上げ用のなす、**4**のレーズン、イタリアンパセリをのせる。

a

b

c

○ ○ ○ 生のビーツをゆでて使ってもよいですが、
○ ○ ここでは缶詰のものを用いた
手軽なレシピを紹介。
ビーツと相性のよいカッテージチーズに
マヨネーズを混ぜて仕上げにトッピングして、
まろやかさをプラスします。

ビーツの冷たいポタージュ

材料 ● 2〜3人分
ビーツ(缶詰)　1缶(425g)
水　1/2カップ
カッテージチーズ　60g
マヨネーズ　大さじ1
あさつきの小口切り　1本分

1. ビーツはザルに入れて水気をきり、フードプロセッサーに入れて撹拌してなめらかにする。
2. 1をボウルに移し、分量の水を加えてのばし、冷蔵庫で冷やす。濃度が濃いようなら水適量(分量外)を加える。
3. カッテージチーズ、マヨネーズ、あさつきは混ぜ合わせる。
4. 器に2を盛り、3をのせる。

コーンとヨーグルトの冷たいポタージュ

材料 ■ 2〜3人分
とうもろこし　2本
水　1½カップ
塩　適量
牛乳　¼カップ
プレーンヨーグルト　大さじ6

1. とうもろこしは皮を取り除き、ひげ根をむいて取りおく。実は包丁で削り取る。
2. 鍋に**1**の実とひげ根、分量の水、塩小さじ¾を入れてふたをして弱火にかけ、クツクツしてきたら8分ほど蒸し煮にし、火を止める。
3. **2**の実とひげ根をフードプロセッサーに入れ、撹拌してなめらかにする。
4. ボウルに**2**の煮汁と**3**を入れて冷まし、牛乳とヨーグルトを加えてよく混ぜる。濃度が濃いようなら牛乳適量（分量外）を加えて調整し、塩で味を調える。冷蔵庫で冷やす。

○○○　夏を感じさせる喉越しのよいひんやりスープは
○○　朝食にもディナーにもおすすめ。
生のとうもろこしならではの、抜群のおいしさです。

○ ○ ○ 見た目にも美しい若草色のポタージュ。
○ ○ レモンの絞り汁、オリーブオイルを入れるのが、おいしさの秘密。あとはサルボスープの基本である、水と塩で調えます。

アボカドの冷たいポタージュ

材料 ▪ 2〜3人分
アボカド 2個
レモンの絞り汁 大さじ1
オリーブオイル 大さじ1
塩 適量
水 1カップ
黒オリーブ(種なし)の
　みじん切り 2個分
フルール・ド・セル(結晶塩)
　2〜3つまみ

1. アボカドは半分に切って皮をむいて種を取り除き、ざく切りにする。

2. 1、レモンの絞り汁、オリーブオイル、塩小さじ½をフードプロセッサーに入れ、撹拌してなめらかにする。

3. 2をボウルに移し、分量の水を加え、濃度が濃いようなら水適量(分量外)を加えて調整し、塩で味を調える。冷蔵庫で冷やす。

4. 器に盛り、黒オリーブをのせ、フルール・ド・セルをふる。

○○○ スモークサーモン、クリームチーズ、
○○ きゅうりを取り合わせた"飲むオードブル"のようなスープ。
しょうがの香りでスモークサーモンや
きゅうりのクセがやわらぎ、新しいおいしさが生まれます。

スモークサーモンときゅうりの
冷たいポタージュ

材料 ■ 2人分
スモークサーモン　5枚
きゅうり　1/2本
クリームチーズ　50g
しょうがの絞り汁　1かけ分
牛乳　1/3カップ
塩　適量
ゆで卵のみじん切り　1/2個分

1. スモークサーモンは半分に切り、きゅうりは縦半割りにして3cm長さに切り、クリームチーズは適当な大きさに切り分ける。しょうがの絞り汁と牛乳も用意（写真）。

2. フードプロセッサーにスモークサーモンをちぎりながら入れ、きゅうり、しょうがの絞り汁を加え、攪拌して細かくする。クリームチーズを加えてさらに攪拌してなめらかにする。

3. 2をボウルに移し、牛乳を加えて混ぜ合わせる。濃度が濃いようなら牛乳適量（分量外）を加えて調整し、塩で味を調える。冷蔵庫で冷やす。

4. 器に盛り、ゆで卵をのせる。

毎日の
サルボスープ

定番スープやポタージュのほか、サルボ家の食卓によく登場するスープを紹介。バゲットや田舎パンとともに朝食にいただいたり、おかずと一緒にランチセットにしたり、夕食のメイン料理の前に供したり……と、いつの時でも楽しめるシンプルなレシピをラインナップ。毎日食べても飽きないための、スープ作りのアイディアがいっぱいです。

材料 ■ 2〜3人分
クレソン　3束
玉ねぎ　½個
いか（刺し身用。細切り）　90g
しょうがの薄切り　4枚
オリーブオイル　大さじ1
塩　適量
水　3カップ
溶き卵　2個分

○○○　クレソンと卵だけのスープもよく作りますが、
　○○　ここにいかを入れるとシーフードならではのうまみと食感が加わり、
　　　　味に奥行きが出て、食べ応えのあるスープになります。

クレソンといかのかき玉スープ

a　b
c　d

1. クレソンは葉と軸に分け、葉は2cm幅に切り、軸は小口切りにする（写真a）。玉ねぎは5mm角に切る。いかは5mm幅に切る。しょうがはみじん切りにする。

2. 鍋にオリーブオイルを熱してクレソンの軸と玉ねぎ、しょうが、塩小さじ1を入れて炒め、クレソンの軸がしんなりしてきたらいかを加え（写真b）、いかの色が変わって火が通るまで炒める（写真c）。

3. 2に分量の水を加え、煮立ったらアクを取って弱火にし、3分ほど煮る。

4. 3を中火にし、沸騰したら溶き卵を回し入れ、しばらくかき混ぜず、再び煮立って卵に火が通ってふわっとしてきたら（写真d）、1のクレソンの葉を加えて火を止め、塩で味を調える。

5. 器に盛り、サラミとコーンのピラフ（分量外。p.124参照）を添える。

○ **サラミとコーンのピラフ**
p.124

○○○ 前ページ同様、葉野菜、卵、たんぱく質の組み合わせ。
○○ 思い立ったらすぐに作れる、朝食向けのサラダスープです。
仕上げにパルメザンチーズをかけると、味にボリュームが出ます。

サラダ菜とハム、半熟卵のスープ

材料 ■ 2〜3人分
サラダ菜　2個
玉ねぎ　1/2個
ロースハム　4枚
水　3カップ
塩　適量
卵　2〜3個
パルメザンチーズ(かたまり)　適量

1. サラダ菜は芯をつけたまま縦6つ割りにする。玉ねぎとハムは5mm角に切る。

2. 鍋に玉ねぎ、ハム、分量の水、塩小さじ1を入れて火にかけ、煮立ったら弱火にして3分ほど煮る。サラダ菜を加えてさらに3分ほど煮、塩で味を調える。

3. 2を中火にし、軽く煮立ったら卵を割り落とし、ふたをして好みのかたさに火を通す。

4. 器に盛り、チーズをすりおろす。

○○○ 毎日食べたいスープだから、具はシンプルでOK。
○○ 火の通りにくいにんじんなどの根菜は、せん切りにすると時短になります。
ここではソーセージを薄切りにして加えてうまみをプラスします。

せん切りにんじんとソーセージのスープ

材料 ■ 2～3人分
にんじん　1本
ウインナーソーセージ　3本
塩　適量
水　2½カップ

1. にんじんは3cm長さのせん切りにする。ソーセージは薄い輪切りにする。
2. 鍋に1、塩小さじ1、分量の水を入れて火にかけ、煮立ったら弱火にしてふたをし、6分ほど煮る。
3. 塩で味を調える。好みでこしょう（分量外）をふってもよい。

細切りキャベツとベーコンをオリーブオイルと塩で炒めてから水で煮ます。炒め煮にしたキャベツは甘くて美味。スープの素は使わないのがサルボスープの掟です。

キャベツとベーコンのスープ

材料 ■ 2〜3人分
キャベツ 1/4個
ベーコン 1 1/2枚
オリーブオイル 大さじ1
塩 適量
水 2カップ強

1. キャベツは4cm長さ、5mm幅の細切りにする。ベーコンは細切りにする。

2. 鍋にオリーブオイルを熱して1を入れ、塩小さじ1/2をふって炒める。

3. ベーコンの香りが立ってキャベツがしんなりとしたら分量の水を加え、煮立ったら弱火にしてふたをし、6分ほど煮る。水分が少ないようなら水適量（分量外）を加える。塩で味を調える。

○○○　牛乳とタイムでクタクタに煮たキャベツは、
○○　カサが減って、いくらでも食べられそう。仕上げに
　　ブールマニエを加えてゆるいとろみをつけるのがポイントです。

キャベツのタイム風味クリームスープ

材料 ■ 2〜3人分
キャベツ　小1/2個
にんにく　1かけ
タイム　2本
塩　適量
牛乳　2 1/2カップ
ブールマニエ
　バター（食塩不使用）　15g
　薄力粉　15g
黒こしょう　適量

1. キャベツは4cm角に切る。にんにくは薄切りにする。
2. 鍋に1、タイム、塩小さじ1弱、牛乳を入れて火にかけ、煮立ったら弱火にしてふたをずらしてのせ、ときどきかき混ぜながら、キャベツがクタクタになるまで20分ほど煮る。
3. ブールマニエを作る。ボウルにバターを入れて室温においてやわらかくし、薄力粉を加えてゴムベラでよく練る。
4. **2**のスープを塩で味を調え、**3**を少しずつ加えてなじませ、さらに3分ほど煮てゆるいとろみをつける。
5. 器に盛り、こしょうをふる。

材料 ■ 2〜3人分
トマト　8個
塩　適量
オレガノ（葉のみ）　小8枚
パルメザンチーズ（かたまり）　適量

○○○　スープの材料はなんと、トマトと塩、オレガノのみ。
○○　トマトのもつ水分とうまみで上質なスープを作ります。ポイントは、完熟トマトを使うこと。
器に盛ってパルメザンチーズを添えていただきます。

a

b

c

d

完熟トマトの澄んだスープ

1. トマトは赤くない部分があったら明るい窓辺などにおいてしっかりと完熟させる（写真a）。ヘタをくり抜いて横半分に切って種を取り除く。

2. なるべく底の広い鍋を用意し、鍋底に塩小さじ1/3をまんべんなくふり、1のトマトの切り口を下にして重ならないように並べ、その上からも塩小さじ1/3をまんべんなくふる（写真b）。並べきらなかったトマトは切り口を下にして上に重ねてのせる。

3. ふたをして弱火にかけ、ゆっくりと水分を出していく。出た水分はトマトをくずさないようにしてスプーンですくい（写真c）、目の細かい漉し器を通して別鍋に入れる。

4. 水分がほぼ出なくなったら火を止め、オレガノをみじん切りにして加えて混ぜる（写真d）。

5. 透明なトマトの水分が入った3の別鍋を弱火にかけて軽く温め、塩少々を加えて軽く味を調える。

6. 器に4を盛り、5を注ぎ入れ、パルメザンチーズを薄く削って数枚ずつおく。ひき肉のカルボナーラ風パスタ（分量外。p.124参照）を添える。

○ ひき肉のカルボナーラ風パスタ
p.124

フルーツトマトの冷たいスープ

材料 ■ 2〜3人分
フルーツトマト　小4個
塩　適量
水　2½カップ
レモンの絞り汁　大さじ1
イタリアンパセリ　2本
スペアミント　1本
オリーブオイル　小さじ2〜3

1. トマトはヘタをくり抜いて4つ割りにし、5mm幅のいちょう切りにする。
2. **1**をボウルの底になるべく並べて塩小さじ1弱をまんべんなくふり、冷蔵庫に入れて30分ほどおく。
3. **2**に分量の水とレモンの絞り汁を入れて静かに混ぜ、塩で味を調える。再び冷蔵庫に入れて2時間ほどおいてなじませる。
4. イタリアンパセリとミントは葉を摘んで刻む。
5. 器に**3**を盛り、**4**を散らし、オリーブオイルをたらす。

○○○　甘くてフルーティーなフルーツトマトにレモンとミント、
　○○　イタリアンパセリを加えて、さわやかさを演出。
　　　冷蔵庫でよく冷やしてからいただくのがおすすめ。

○○○ 真っ赤に熟したフルーツトマトとすいかを取り合わせた
○○ 夏ならではのフレッシュ感たっぷりのスープ。
ヨーグルトとディルを添えて、インパクトのある仕上がりに。

トマトとすいかの冷たいスープ

材料 ■ 2人分
フルーツトマト　2個
すいか　正味400g
塩　適量
プレーンヨーグルト
　大さじ4
ディル　1本

1. ヨーグルトは茶漉しなどに入れ、コップなどの上にのせ、冷蔵庫に入れてひと晩おいて水きりする。
2. トマトはヘタをくり抜いて横半分に切り、種を取り除く。4等分に切ってボウルに入れ、塩小さじ½をふり、冷蔵庫に入れて30分おく。
3. すいかはひと口大の乱切りにして種を取り除き、フードプロセッサーに入れ（写真）、攪拌してなめらかにする。
4. **2**のボウルに**3**を加え、甘さが引き立つほどに塩で味を調える。冷蔵庫に入れて2時間ほどおいてなじませる。
5. 器に盛って**1**のヨーグルトをのせ、ディルを刻んで添える。

○○○ にんにくとパンを使った、ちょっぴりスペイン風のスープ。
○○ チョリソーソーセージを加えて食べ応えのある仕上がりに。
トマトはダイスカットの缶詰を使えば手軽に作れます。

にんにくとパンのトマトスープ

材料 ■ 2人分
にんにく　大1かけ
バゲット（1cm厚さに切ったもの）　4枚
チョリソーソーセージ　1本
オリーブオイル　大さじ1
ダイストマト缶　1½缶（600g）
塩、こしょう　各適量

1. にんにくは薄切りにする。バゲットはオーブントースターで表面がパリッとする程度に焼く。ソーセージは5mm角に切る。
2. 鍋にオリーブオイル、にんにく、ソーセージを入れてやや弱火で炒め、にんにくの香りが立ったらトマト缶を加える。塩小さじ1を加え、ふたをして5分ほど煮る。
3. 1のバゲットを加えてふたをし、さらに2分ほど煮る。塩とこしょうで味を調える。

○○○ 味のベースは玉ねぎとにんにく、アンチョビー。
○○ そこにしらす干しを加えて、うまみたっぷりのスープにします。
ローリエを2枚入れて香りをつけるのがポイント。

しらすとアンチョビーのスープ

材料 ■ 2人分
しらす干し　60g
にんにく　1かけ
玉ねぎ　50g
アンチョビー　5本
オリーブオイル　大さじ1
水　3カップ
ローリエ　2枚
塩、こしょう　各適量
パルメザンチーズ（かたまり）　適量

1. にんにく、玉ねぎはみじん切りにする。
2. 鍋にオリーブオイル、1、アンチョビーを入れてやや弱火で炒め、玉ねぎがしんなりとしてアンチョビーがペースト状になったら、しらす干しを加えて20秒ほど炒める。
3. 分量の水、ローリエ、塩小さじ1/2を加えて中火にし、煮立ったら弱火にして3分ほど煮る。塩、こしょうで味を調える。
4. 器に盛り、チーズをすりおろす。

材料 ■ 2〜3人分
モロヘイヤ　1束
枝豆　150g
にんにく　1かけ
オリーブオイル　大さじ1
塩　適量
水　3カップ

1. 枝豆は熱湯に入れてゆで、ザルに上げて冷ます。さやから出して薄皮を取り除き（写真a）、みじん切りにする（写真b）。

2. モロヘイヤは葉と軸に分け（写真c）、軸はかたい部分は切り落として小口切りにする。にんにくはみじん切りにする。

3. 鍋にオリーブオイル、枝豆、モロヘイヤの軸、にんにくを入れてやや弱火で2分ほど炒め（写真d）、塩小さじ1、分量の水を加えて中火にし、煮立ったら弱火にしてふたをし、5分ほど煮る。

4. モロヘイヤの葉を加え（写真e）、さらに1分煮、塩で味を調える。

モロヘイヤと枝豆のスープ

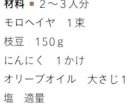
a

b

c

d

e

○○○　モロヘイヤだけで作っても十分おいしいですが、枝豆の旬の時期には、枝豆入り。
　○○　緑色のグラデーションを楽しむ夏のスープです。

a

b

c

d

○○○ 豚肉は軽く塩漬けにして使うと、
　○○　うまみがグッと増します。
　　　　ししとうを入れて香りのアクセントをつけ、
　　　　パイナップルを入れてフルーティーに仕上げます。

大根と豚バラ肉のスープ

1. 豚肉は縦8等分に切って塩をまぶし、冷蔵庫に入れて2時間〜ひと晩おき、ペーパータオルで水気を拭く。大根は皮をむいて4〜5cm長さの乱切りにする。ししとうはヘタを切り落として5mm幅の輪切りにする。パイナップルは1cm角に切る（写真a）。

2. 鍋にオリーブオイルを熱して大根を入れ、しばらくそのまま動かさずに焼き、焼き色がついたらひっくり返し、両面焼き色をつける。

3. 2に豚肉を加え、両面焼き色をつける（写真b）。

4. 余分な脂をペーパータオルで拭き取り、しょうが、にんにく、分量の水、塩小さじ1を加え（写真c）、煮立ったら弱火にしてふたをし、15分ほど煮る。

5. 大根がやわらかくなったらパイナップルとししとうを加え（写真d）、ふたをずらしてのせて3分ほど煮る。塩で味を調える。

材料 ■ 3〜4人分
大根　400g
豚バラ肉（かたまり）　150g
豚肉用
: 塩　小さじ1/3
ししとう　8本
パイナップル　60g
オリーブオイル　大さじ1½
しょうがの薄切り　4枚
にんにくの薄切り　1かけ分
水　4カップ
塩　適量

○○○ スープのベースに赤ワインを使った、
○○ 大人味のひと皿。
ここではレンズ豆を
水に浸しておいて使いましたが、
乾燥した状態のまま入れて
煮込む時間を長くしてもOK。

レンズ豆とサラミのスープ

材料 ■ 3〜4人分
レンズ豆（乾燥）100g
レンズ豆用
　水　2カップ
赤ワイン（ミディアムボディ
　　またはフルボディ）1カップ
サラミの薄切り　10枚
玉ねぎ　40g
塩　適量
水　4カップ

1. レンズ豆はさっと洗ってボウルに入れ、レンズ豆用の水につけて冷蔵庫に入れてひと晩おく（写真a）。
2. 鍋に赤ワインを入れて中火にかけ、煮立ったら、アルコールの香りがしなくなるまでそのまま煮詰め（写真b）、いったん火を止める。

3. サラミは半分に切る。玉ねぎはみじん切りにする。
4. 2に1をつけ汁ごと加え、サラミ、玉ねぎ、塩小さじ1強、分量の水を加えて中火にかけ（写真c）、煮立ったら弱火にしてふたをし、レンズ豆がやわらかくなるまで25分ほど煮る。塩で味を調える。

a

b

c

a

○○○　干してうまみをギュッと凝縮させた白菜が主役の、
○○　中華テイストのスープ。
スープのベースにはいりこを使い、
帆立貝柱缶の缶汁を入れるのがポイント。
水溶き片栗粉でとろみをほんのりとつけ、
口当たりよく仕上げます。

干し白菜と貝柱のスープ

材料 ■ 3〜4人分
白菜　1/4個
帆立貝柱缶
　　大1缶＋小1缶(計175g)
いりこ　6本
水　5カップ
塩　適量
水溶き片栗粉
　片栗粉　大さじ3
　水　大さじ3

1. 白菜は縦半分に切り、2日ほど陰干しをして水分を飛ばす（写真a）。葉と芯の部分に分け、葉は6cm長さに切り、茎は4cm角のそぎ切りにする。
2. 貝柱はほぐす。缶汁もとっておく。
3. いりこははらわたを取り除いて半分に折る。
4. 鍋に分量の水、いりこ、貝柱を缶汁ごと入れて火にかけ（写真b）、白菜の芯と塩小さじ1½を加える（写真c）。煮立ったら弱火にし、ふたをして10分ほど煮る。
5. 白菜の葉を加え（写真d）、ふたをしてさらに3分ほど煮、塩で味を調える。
6. 片栗粉に水を加えて水溶き片栗粉を作り、**5**に回し入れてゆるいとろみをつける。

b

c

d

○○○　ミルキーなココナッツミルクのスープには
○○　相性のよいかぼちゃを組み合わせるのがおすすめ。
　　クミンとこしょうの香りを利かせて味を引き締めます。

かぼちゃとココナッツミルクのスープ

材料 ■ 2〜3人分
かぼちゃ　1/8個
ココナッツミルク　1缶（400mℓ）
クミンシード　ひとつまみ
黒粒こしょう　5粒
塩　適量

1. かぼちゃは皮、種、ワタつきのままラップをし、電子レンジで3分ほど加熱する。種とワタを取って5mm幅のくし形に切り、食べやすい長さに切る。
2. フライパンにクミンを入れてごく弱火にかけ、香りが立ってくるまでゆっくりと5分ほど炒る。こしょうとともにたたいてつぶす。
3. 鍋にココナッツミルクと1、塩小さじ1/2を入れて中火にかけ、煮立ったら弱火にし、ふたをして10分ほど煮る。甘さが引き立つ程度に塩で味を調える。
4. 器に盛り、2をふる。

◯◯◯ 豆乳で作ったスープには、うまみ出しに干しえびを入れるのがポイント。
◯◯ 香ばしいピーナッツねぎ炒めをトッピングすれば
お替わり間違いなしのおいしさです。

豆腐と豆乳、ピーナッツのスープ

材料 ■ 2〜3人分
豆腐(絹ごし)　小1丁
干しえび　5g
豆乳(成分無調整)　2½カップ
塩　適量
ピーナッツねぎ炒め
　ピーナッツ(炒ったもの)　30g
　長ねぎ　15cm
　ごま油　大さじ1

1. 豆腐はひと口大に切る。干しえびは粗みじん切りにする。
2. ピーナッツねぎ炒めを作る。ピーナッツは粗みじん切りにし、長ねぎはみじん切りにする。鍋にごま油と長ねぎを入れて弱火で5分ほど炒め、ピーナッツを加えて火を止め、余熱でピーナッツにも火を通す。
3. 鍋に豆乳、**1**、塩小さじ1弱を入れて中火にかけ、煮立ったら弱火にしてふたをずらしてのせ、8分ほど煮る。塩で味を調える。
4. 器に盛り、**2**をのせる。

ディナースープ

ここで紹介するのは、夕食やおもてなしに、ちょっぴり腕まくりして作る、ごちそうスープです。肉や魚介を具にした食べ応えのあるものや、ピストゥスープやえびのビスク、スープ・ド・ポワソンなどフレンチの定番をラインナップ。スープという料理の醍醐味を感じることのできるものばかり。サルボ流はスープの素を使わないのが身上。きれいな味が体と心にしみ込みます。

バジルとにんにく、パルメザンチーズなどで作る
"ピストゥソース"を
野菜スープに入れていただく、南仏の定番スープ。
バジルのフレッシュな香りがほしいので、
ピストゥソースは作りたてを加えます。

ピストゥスープ

a

b

c

d

材料 ■ 2〜3人分
玉ねぎ　1/2個
にんじん　1/2本
セロリ　1/4本
さやいんげん　8本
白いんげん豆(乾燥)　大さじ2
トマト　1/2個
パスタ(極小のもの、または短く折った
　　スパゲッティ)　10g
オリーブオイル　大さじ1 1/2
塩　適量
水　3カップ
ピストゥソース
　バジル　5本
　にんにく　1かけ
　オリーブオイル　大さじ1 1/2
　パルメザンチーズの
　　すりおろし　大さじ1

1. 白いんげん豆はさっと洗い、3倍量の水につけて冷蔵庫に入れてひと晩おく。玉ねぎ、にんじんは1cm角に切り、セロリは1cm弱の角切りにする。さやいんげんは1cmの幅に切る。トマトは種を取り除いて1cm角に切る。パスタも用意（写真a）。

2. 鍋にオリーブオイルを熱して玉ねぎ、にんじん、セロリを入れ、塩小さじ1を加え、やや弱火で炒めはじめる。玉ねぎが透明になってきたら、白いんげん豆の水気をきって加える（写真b）。

3. 分量の水を注ぎ入れて中火にし、煮立ったら弱火にしてふたをし、15分ほど煮る。さやいんげんとトマト、パスタを加えてさらに6分ほど煮る。

4. ピストゥソースを作る。バジルの葉を摘んでフードプロセッサーに入れ、にんにく、オリーブオイル、チーズを加え（写真c）、撹拌してペースト状にする。

5. **3**のスープを塩で味を調え、**4**のソースを加え（写真d）、30秒ほどして火を止める。

a

b

c

d

鶏肉とさつまいものスープ

1. 鶏肉はカレー粉をふって全体にまぶし（写真a）、塩をふり、なじませる。さつまいもは皮つきのまま6〜7mm厚さの輪切りにする。りんごは皮つきのまま5mm厚さに切り、芯と種は除く。
2. 鍋にオリーブオイルを熱して鶏肉を入れ（写真b）、しばらく動かさずに焼く。焼き色がついたらひっくり返して全体に焼き色をつけ、いったん取り出す。
3. 2の鍋の油をペーパータオルで拭き取り、2の鶏肉を戻し入れてさつまいもも入れる。ローズマリー、塩小さじ1、分量の水を加えて中火にし（写真c）、煮立ったら弱火にし、ふたをして20分ほど煮る。
4. りんごを加え（写真d）、再びふたをして3分ほど煮、塩で味を調える。
5. 器に盛り、きのことドライトマトのピラフ（分量外。p.124参照）を添える。

材料 ■ 3〜4人分
鶏手羽元　6本
鶏肉の下味
　カレー粉　小さじ1/2
　塩　小さじ1/3
さつまいも（細いもの）　1本
りんご　1/4個
オリーブオイル　大さじ1
ローズマリー　1/2本
塩　適量
水　3 1/2カップ

鶏肉とさつまいもは好相性ですが、ここでは、鶏肉にカレー粉と塩で下味をつけて焼きつけ、さつまいも、りんごとともにコトコトと煮て仕上げます。りんごのほのかな香りと甘みがポイントです。

○ きのことドライトマトのピラフ
p.124

牛肉を水から煮て、その煮汁で野菜を煮込んだ、
ビーツの赤紫色が特徴のロシアのスープ。
生のビーツからゆっくり煮ると、
本格的で香り高く仕上がります。
サワークリームをのせていただくと、
おいしさもひとしお。

ボルシチ

材料 ■ 4人分
牛すね肉（かたまり）　400g
牛肉の下味
┊塩　小さじ1
サラダ油　大さじ1
水　適量
ローリエ　1枚
ビーツ（生）　1個（280g）
にんじん　1本
じゃがいも　1個
玉ねぎ　½個
キャベツ　小¼個
塩　適量
サワークリーム　50g
ディル　適量

1. 牛肉は4等分の厚さに切り、塩をまぶし、冷蔵庫に入れてひと晩おく。

2. 鍋にサラダ油を熱し、**1**の水気をペーパータオルで拭いて並べ入れ、両面焼き色がつくまで焼き、いったん取り出す（写真a）。

3. **2**の鍋をペーパータオルなどで拭いてきれいにし、牛肉を戻し入れ、水4カップとローリエを加えて中火にかけ、煮立ったら弱火にしてふたをし、やわらかくなるまで1時間20分ほど煮る。

4. ビーツは皮をむいて縦半分に切り、3mm幅に切り（写真b）、さらに3mm幅の棒状に切る。にんじんは皮をむいて3cm長さに切り、3mm角の棒状に切る。じゃがいもは皮をむいて4cm長さに切り、4mm角の棒状に切り、水にさらす。玉ねぎは5mm幅の薄切りにする。キャベツは2×4cm角に切る（写真c）。

5. **3**を牛肉と煮汁に分け、牛肉は手でひと口大にさく（写真d）。

6. 別鍋にキャベツ以外の野菜、塩小さじ1、**5**の牛肉と煮汁を入れ（写真e）、ひたひたになるまで水を加えて中火にかける。煮立ったらキャベツを加え、弱火にしてふたをし、ときどきアクを取りながら（写真f）、15分ほど煮る。塩で味を調える。

7. 器に盛り、サワークリームをのせてディルを添える。

a

b

c

d

e

f

●●● ショルバは、ラム肉とひよこ豆で作る、モロッコをはじめとした中東のスープ。
●● ラム肉にクミンやコリアンダーなどのスパイスで下味をつけるのが、おいしさのポイント。
ひよこ豆のホクホクとした食感を、スープとともに楽しみながらいただきます。

ショルバ

材料 ■ 3〜4人分
ラム薄切り肉　160g
ラム肉の下味
　塩　小さじ1/3
　クミンパウダー　小さじ2
　コリアンダーパウダー
　　小さじ1
　パプリカパウダー　小さじ1
ひよこ豆(乾燥)　1/2カップ
玉ねぎ　小1/2個
トマト　1 1/2個
オリーブオイル　大さじ1 1/2
水　適量
塩、こしょう　各適量
イタリアンパセリの
　粗みじん切り　3本分

1. ひよこ豆はさっと洗い、水1 1/2カップにつけて冷蔵庫に入れ、ひと晩おく（写真a）。
2. ラム肉は5mm幅に切り（写真b）、バットに入れ、下味の材料を加えてなじませる（写真c）。
3. 玉ねぎは粗みじん切りにし、トマトはヘタをくり抜いてひと口大に切る。
4. 鍋にオリーブオイルを熱して2を入れ、8割がた色が変わるまで炒め（写真d）、玉ねぎを加えてさらに2分ほど炒める。
5. 1のひよこ豆をつけ汁ごと加え（写真e）、水2カップ、塩小さじ1、トマトを加え、煮立ったら弱火にしてふたをし、ひよこ豆がやわらかくなるまで30分ほど煮る。塩、こしょうで味を調える。
6. 器に盛り、イタリアンパセリを散らす。

○○○ 鶏もも肉と玉ねぎ、みそで作ったやわらかい肉団子、
○○ シャキシャキのれんこん、
つるっと喉越しのいい春雨を取り合わせた、おかずスープ。
練りごまは分離することがあるので、
火を止めてから加えます。
再加熱する場合は弱火で静かに温めること。

材料 ■ 2〜3人分
肉団子
　鶏ももひき肉　220g
　玉ねぎの粗みじん切り　40g
　みそ　20g
れんこん　1節(180g)
春雨(乾燥)　6g
水　4カップ
塩　適量
しょうがの絞り汁　大1かけ分
白練りごま　50g

肉団子とれんこんの春雨入りスープ

1. ボウルに肉団子の材料を入れ（写真a）、粘りが出るまで手早く混ぜ合わせ、6等分に丸める。
2. れんこんは皮をむいて7〜8mm厚さの輪切りにする。春雨はぬるま湯につけてかために戻し、4cm長さに切る。
3. 鍋に分量の水と塩小さじ1を入れて火にかけ、煮立ってきたら、**1**を入れる（写真b）。再び煮立ったら火を弱め、静かにフツフツしている状態で6分ほど煮る。
4. **3**に**2**を加え（写真c）、さらに3分ほど煮、塩で味を調えて火を止める。
5. しょうがの絞り汁、白練りごまを加え（写真d）、全体に混ぜ合わせる。

a

b

c

d

○○○ 相性のよいサーモンとほうれん草で作る、人気の定番。
○○ サーモンはナツメグと薄力粉をまぶしてから焼くと、クセが気になりません。
シチューよりさらっとしているので、体にもやさしくしみ入ります。

材料 ■ 2～3人分
生鮭　3切れ
ほうれん草　1½束
ナツメグ　適量
薄力粉　大さじ3
玉ねぎ　½個
バター（食塩不使用）　15g
牛乳　2½カップ
生クリーム　1カップ
塩　適量

サーモンとほうれん草のミルクスープ

1. ほうれん草は根元に十文字の切り込みを入れて洗い、軸と葉に分ける。根元のかたい部分は切り落とし、葉は4cm長さに切り、軸は2.5cm長さに切る（写真a）。
2. 鮭は半分に切ってバットに入れ、ナツメグをすりおろし（写真b）、薄力粉をまんべんなくまぶす。
3. 玉ねぎは6～7mm幅のくし形に切る。
4. 鍋にバターを熱して2を入れ（写真c）、軽く焼き色がついたらひっくり返し、両面焼き色がついたらいったん取り出す。
5. 4の鍋にほうれん草の軸を入れて軽くしんなりするまで炒め、牛乳、生クリーム、塩小さじ1を加える（写真d）。煮立ったら4の鮭を戻し入れ、玉ねぎを加え、静かにフツフツしている状態で5分ほど煮る。
6. ほうれん草の葉を加え（写真e）、さらに3分ほど煮、塩で味を調える。

a

b

c

d

e

主役は塩だらとセロリ。
そこに生ハムのうまみ、玉ねぎやトマトの甘み、
ローリエの香りなどを足して、
奥行きのある味に仕上げます。
切り身魚は火の通りが早いので、
食べたいときにすぐに作れるのが魅力。

材料 ■ 3〜4人分
塩だら　4切れ
セロリ　2本
玉ねぎ　½個
じゃがいも　1個
生ハム　4枚
赤唐辛子　1本
ローリエ　2枚
トマト　½個
オリーブオイル　大さじ2
水　4カップ
塩、こしょう　各適量

塩だらとセロリの生ハム入りスープ

a

b

c

1. たらは皮と骨を取り除き、半分に切る。セロリは茎と葉に分け、茎は斜め3mm厚さに切り、葉はざく切りにする。玉ねぎは繊維に沿って薄切りにする。じゃがいもは皮をむいて2.5cm角に切り、さらに5mm厚さに切る。生ハムは3mm幅に切る。赤唐辛子は半分にちぎって種を取る。ローリエも用意する（写真a）。
2. トマトは種を取り除いて1cm角に切っておく。
3. 鍋にオリーブオイルを熱し、セロリの茎、玉ねぎを入れてざっと炒め、生ハムをほぐしながら加え、やや弱火でセロリと玉ねぎがしんなりするまで炒める（写真b）。
4. じゃがいも、分量の水、塩小さじ1、赤唐辛子、ローリエ、セロリの葉を加えて中火にし、煮立ったら弱火にして5分ほど煮る。
5. たらを加え（写真c）、さらに5分ほど煮る。塩で味を調え、2のトマトを加えてさっと混ぜる。
6. 器に盛り、こしょうをふる。

a　　　　　　b　　　　　　c　　　　　　d

めかじきとレモン、オリーブの南仏風スープ

材料 ■ 2〜4人分
めかじき　6切れ
マリネ用
　塩、こしょう　各少々
　タイム　3本
　オリーブオイル　大さじ2
なす　2個
ズッキーニ　小1本
レモンの薄切り
　（ノンワックスのもの）　3枚
オリーブ（グリーン、黒）
　合わせて8〜10個
オリーブオイル　大さじ1
水　3カップ
塩、こしょう　各適量

1. めかじきはバットに並べて塩、こしょうをふり、タイムをちぎってまぶし、オリーブオイルをからめる。ラップをぴったりくっつけて2時間ほど冷蔵庫に入れてマリネする（写真a）。
2. なすはヘタを切り落として8〜9mm厚さの輪切りにし、水にさらす。ズッキーニは8〜9mm厚さの半月切りにする。レモンはいちょう切りにする。オリーブは汁気をきる（写真b）。
3. 鍋にオリーブオイルを熱して1のめかじきを入れ、焼き色がついたらひっくり返し（写真c）、両面焼いたら、いったん取り出す。めかじきのマリネ液はそのまま残しておく。
4. 3の鍋に水気をきったなす、ズッキーニ、オリーブを入れ、分量の水を注ぎ入れ（写真d）、塩小さじ½を入れて中火にかける。煮立ったら弱火にし、ふたをずらしてのせて10分ほど煮る。
5. 3のめかじき、残しておいたマリネ液、2のレモンを加え、さらに6分ほど煮る。塩、こしょうで味を調える。

扱いやすいめかじき、
なすとズッキーニを使った、軽い味わいのスープ。
めかじきは塩、こしょう、
タイム、オリーブオイルでマリネしてから
煮るのが、おいしさのポイント。
メインディッシュにもなります。

○○○ 濃厚で奥行きのある味わいが魅力の、
　○○ えびのスープです。
えびの頭や殻をつぶして
うまみを十分に抽出するのが、おいしさの秘訣。
ここでは赤えびを使いましたが、
芝えび、甘えびなどでも。

材料 ■ 3～4人分
えび（赤えびなど。有頭、殻つき）　12尾
オリーブオイル　大さじ1½
ブランデー　50㎖
水　4カップ
パプリカ（赤）　½個
マッシュルーム　3個
トマトペースト　大さじ1½
塩　適量
生クリーム　大さじ2

えびのビスク

1. えびはさっと洗ってペーパータオルで水気を拭き、頭と殻、尾を取る（写真a）。身は2㎝幅に切り、使うまで冷蔵庫に入れておく。
2. 鍋にオリーブオイルを熱して1の頭と殻、尾を入れ、つぶしてみそを出しながら、香ばしい匂いがしてくるまでよく炒める（写真b）。
3. 2にブランデーを加え、アルコール分を飛ばしながら煮詰め、分量の水を加える。煮立ったら弱火にし、30分ほど煮る。万能漉し器などで漉し（写真c）、ヘラやスプーンなどでギュウギュウ押して（写真d）、えびのエキスを落としてえびのだしを取る。
4. パプリカは2㎝角に切り、マッシュルームは石づきを取って薄切りにする。
5. 鍋に3のえびのだし汁を入れ、4、トマトペースト、塩小さじ1、1のえびを加えて中火にかけ（写真e）、煮立ったらアクを取って弱火にし、ふたをずらしてのせて10分ほど煮る。
6. フードプロセッサーに5の具だけを入れ（写真f）、攪拌してなめらかにする。
7. 6を鍋に戻し入れ、生クリームを加えて弱火で温め、塩で味を調える。

a

b

c

d

e

f

○○○　魚介のアラを使って作る、
　○○　白身魚の濃厚なうまみが楽しめる南仏のスープ。
　　　ルイユというマヨネーズ状のソース、バゲット、
　　　グリュイエールチーズを添えるのがポピュラー。
　　　手間をかけただけのおいしさがあります。

a b c

d e f

スープ・ド・ポワソン

材料 ■ 3〜4人分
白身魚のアラ（鯛、すずきなど） 1尾分
サフラン 0.5g
玉ねぎの薄切り 1/2個分
セロリの薄切り 1/2本分
にんにくの薄切り 1かけ分
オリーブオイル 大さじ1 1/2
白ワイン（辛口） 80㎖
水 4カップ
ローリエ 1枚
あさり（砂出ししたもの） 150g
鯛の切り身 2切れ
塩、こしょう 各適量
ルイユ
　卵黄 1個分
　オリーブオイル 80㎖
　にんにくのすりおろし 小さじ1/3
　塩 小さじ1/3
バゲットの薄切り
　（カリッと焼いたもの） 適量
グリュイエールチーズの
　すりおろし 適量

1. サフランは色が出やすいように、アルミホイルに包んでオーブントースターで3分ほど焼き（写真a）、ぬるま湯大さじ3（分量外）につけておく。

2. 白身魚のアラは流水で洗ってペーパータオルで水気を拭き、大きすぎるようならキッチンバサミで切り分ける。

3. 鍋にオリーブオイル、にんにく、玉ねぎ、セロリを入れて中火で炒め、2を加え、アラをつぶしながら香ばしくなるまでよく炒める（写真b）。白ワインを加え、アルコール分を飛ばしながら煮詰める。

4. 分量の水とローリエを加え、煮立ったら弱火にして30分ほど煮、万能漉し器で漉し、ヘラやスプーンでギュウギュウ押して（写真c）、魚のだしを取る。

5. 鍋に4のだし汁、あさりを入れて中火にかけ、鯛をぶつ切りにして加え、1を入れる（写真d）。煮立ったら弱火にしてふたをずらしてのせ、あさりと鯛に火を通す。いったん火を止め、あさりは殻を取り除いて戻し、鯛は皮と骨を取り除いて戻す。

6. 5を再び火にかけ、ふたをずらしてのせて5分ほど煮、塩、こしょうで味を調える。スティックミキサー（またはミキサー）で攪拌してつぶしてポタージュ状にする（写真e）。

7. ルイユを作る。ボウルに卵黄を入れ、オリーブオイルを少しずつ加えながらハンドミキサーで混ぜ（写真f）、にんにくと塩を加えてさらに混ぜ、マヨネーズ状にする。

8. 6を器に盛り、チーズをふり、バゲットにルイユをのせて添える。

スープと一緒に楽しむ「トーストパン」

○○○　栄養満点の具だくさんのスープなら、あとはパンがあれば立派な献立に。
○○　カリッと香ばしく焼いたトーストパンが、スープのおともに最適です。

アンチョビーガーリックトースト

材料 ■ 3〜4人分
バゲット20cm　アンチョビーガーリックオイル［アンチョビーのみじん切り3本分　パセリのみじん切り1本分　にんにくのみじん切り½かけ分　オリーブオイル大さじ3］

1. アンチョビーガーリックオイルの材料は混ぜ合わせる。
2. バゲットを3.5cm厚さの乱切りにし、1をたっぷりとからめる。
3. アルミホイルを敷いた天板に並べ、オーブントースターで焼く。

アボカドトースト

材料 ■ 3〜4人分
パン・ド・カンパーニュ（薄切り）2〜3枚　アボカド1個　粒マスタード大さじ2　マヨネーズ大さじ4

1. アボカドは半分に切って種と皮を取り除き、1.5cm角に切る。ボウルに入れ、粒マスタード、マヨネーズを加えて混ぜる。
2. パン・ド・カンパーニュを食べやすい大きさに切り、1をのせる。
3. アルミホイルを敷いた天板に並べ、オーブントースターで焼く。

マルゲリータ風トースト

材料 ■ 2〜3人分
バゲット（1.5cm厚さのもの）4〜6枚　トマトガーリックソース［にんにくのみじん切り小さじ½　トマトペースト大さじ2　塩少々　オリーブオイル小さじ1］　バジル3〜4枚

1. トマトガーリックソースの材料は混ぜ合わせる。
2. バゲットに1をぬり、バジルをちぎってのせる。
3. アルミホイルを敷いた天板に並べ、オーブントースターで焼く。

ミックスチーズトースト

材料 ■ 2人分
イギリスパン（8枚切り）2枚　ブルーチーズ20g　白カビチーズ40g　シュレッドチーズ40g

1. ブルーチーズと白カビチーズは粗みじん切りにしてボウルに入れ、シュレッドチーズを加えて混ぜ合わせる。
2. イギリスパンの上に1をのせて平らにする。
3. アルミホイルを敷いた天板に並べ、オーブントースターで焼く。

スープと一緒に楽しむ「パスタ」と「ライス」

○○○ 野菜たっぷりのスープなら、あとはパスタやライスがあればボリューム献立に。
○○ スープのおいしさの邪魔にならない、みんなに人気のレシピを紹介します。

スモークサーモンとハーブのパスタ

材料 ■ 2人分

ロングパスタ（スパゲッティなど）200g　スモークサーモン8枚　ディル（葉のみ）4本　イタリアンパセリ（葉のみ）3本　塩適量　オリーブオイル大さじ4

1. パスタは塩適量（分量外。水の量の1％）を入れた熱湯で表示通りにゆでる。
2. スモークサーモンは3cm幅に切り、ディルとイタリアンパセリは1.5cm幅に刻む。ボウルに入れ、塩小さじ1とオリーブオイルを加えてからめる。
3. パスタがゆで上がったらザルに上げてゆで汁をきり、**2**のボウルに加えて混ぜ、塩で味を調える。

ひき肉のカルボナーラ風パスタ

材料 ■ 2～3人分

ロングパスタ（リングイネなど）240g　合いびき肉130g　玉ねぎのみじん切り40g　にんにくのみじん切り1かけ分　オリーブオイル大さじ1½　塩小さじ1　ナツメグ小さじ¼　ソース［卵黄2個分　生クリーム150㎖　塩小さじ⅔］　こしょう適量

1. フライパンにオリーブオイルを熱し、ひき肉、玉ねぎ、にんにく、塩を入れて炒め、ナツメグを加えて混ぜる。
2. ソースの材料は混ぜ合わせる。
3. パスタは塩適量（分量外。水の量の1％）を入れた熱湯で表示より1分ほど短くゆで、ザルに上げてゆで汁をきり、鍋に戻す。
4. **3**の鍋に**1**と**2**を加えて弱火で熱し、パスタにソースをからめ、火を止めて余熱でかき混ぜる。塩（分量外）で味を調える。仕上げにこしょうをふる。

サラミとコーンのピラフ

材料 ■ 2人分

米1カップ　水1カップ　サラミ10枚　コーン（缶詰またはパウチ）100g　オリーブオイル小さじ1　塩小さじ⅓くらい　こしょう適量

1. 米は洗ってザルに上げ、鍋に入れ、分量の水を加えて1時間以上浸水させる。
2. サラミを4等分に切り、コーン、オリーブオイルとともに**1**に加えてさっと混ぜる。ふたをして中火にかけ、煮立ったら弱火にして11分炊いて火を止め、15分ほど蒸らす。
3. 塩とこしょうをふって全体に混ぜる。

きのことドライトマトのピラフ

材料 ■ 2人分

米1カップ　水1カップ　マッシュルーム4個　エリンギ大1本　ドライトマトのみじん切り5～6g　オリーブオイル小さじ1　塩小さじ½弱　こしょう適量

1. 米は洗ってザルに上げ、鍋に入れ、分量の水を加えて1時間以上浸水させる。
2. マッシュルームは石づきを取って薄切りにし、エリンギは食べやすい長さの薄切りにする。
3. **1**に**2**、ドライトマト、オリーブオイルを加えてさっと混ぜ、ふたをして中火にかけ、煮立ったら弱火にして11分炊いて火を止め、15分ほど蒸らす。
4. 塩とこしょうをふって全体に混ぜる。

INDEX

 野菜たっぷりの温かいスープ

ミネストローネ　8
白いミネストローネ　10
根菜のミネストローネ　11
きのこのスープ・パイ包み　28
きのこのクリームスープ・パイ包み　30
きのこのバジルスープ・パイ包み　31
オニオングラタンスープ　32
玉ねぎクイックグラタンスープ　34
焼き玉ねぎのグラタンスープ　35
3つの野菜のポトフ風スープ　38
3つの野菜のカレー風味スープ　40
3つの野菜のツナ入りクリームスープ　41
3つの野菜のパセリスープ　42
3つの野菜の赤ワイン風味スープ　43
3つの野菜のスカンジナビア風スープ　44
3つの野菜の中近東風スープ　45
3つの野菜の中国風スープ　46
3つの野菜の韓国風スープ　47
クレソンといかのかき玉スープ　78
サラダ菜とハム、半熟卵のスープ　80
せん切りにんじんとソーセージのスープ　81
キャベツとベーコンのスープ　82
キャベツのタイム風味クリームスープ　83
完熟トマトの澄んだスープ　84
モロヘイヤと枝豆のスープ　90
大根と豚バラ肉のスープ　92
干し白菜と貝柱のスープ　96
かぼちゃとココナッツミルクのスープ　98
ピストゥスープ　102

 野菜を食べる冷たいスープ

ガスパッチョ　24
フルーツトマトとバゲットのガスパッチョ　26
フルーツトマトの冷たいスープ　86
トマトとすいかの冷たいスープ　87

 野菜の温かいポタージュ

コーンポタージュ　12
ジンジャー風味のコーンポタージュ　14
豆乳コーンポタージュ　15
かぶとクルミのポタージュ　50
にんじんと米のポタージュ　52
里芋と鶏手羽中のポタージュ　54
きのこと栗のポタージュ　56
長ねぎのポタージュ　58
ごぼうのポタージュ　59
カリフラワーのポタージュ　60
ほうれん草の豆乳ポタージュ　61
新玉ねぎとたけのこのポタージュ　62
アスパラガスのポタージュ　64
かぼちゃのポタージュ　65
トマトとパプリカのポタージュ　66

野菜、果物の冷たいポタージュ

ヴィシソワーズ 20
ヴィシソワーズ・カレー風味 22
アンチョビー入りのヴィシソワーズ 23
焼きなすの冷たいポタージュ 70
ビーツの冷たいポタージュ 72
コーンとヨーグルトの冷たいポタージュ 73
アボカドの冷たいポタージュ 74
スモークサーモンときゅうりの冷たいポタージュ 75

肉が主役のスープ

鶏肉とさつまいものスープ 104
ボルシチ 106
ショルバ 108
肉団子とれんこんの春雨入りスープ 110

シーフードが主役のスープ

クラムチャウダー 16
クラムチャウダー・トマト味 18
ごろごろ野菜のクラムチャウダー 19
しらすとアンチョビーのスープ 89
サーモンとほうれん草のミルクスープ 112
塩だらとセロリの生ハム入りスープ 114
めかじきとレモン、オリーブの南仏風スープ 116
えびのビスク 118
スープ・ド・ポワソン 120

豆・豆腐が主役のスープ

ひよこ豆のポタージュ 68
レンズ豆とサラミのスープ 94
豆腐と豆乳、ピーナッツのスープ 99

パンが主役のスープ

白いガスパッチョ 27
パンとチーズのポタージュ 69
にんにくとパンのトマトスープ 88

パン・パスタ・ライス

アンチョビーガーリックトースト 122
マルゲリータ風トースト 122
アボカドトースト 122
ミックスチーズトースト 122
スモークサーモンとハーブのパスタ 124
ひき肉のカルボナーラ風パスタ 124
サラミとコーンのピラフ 124
きのことドライトマトのピラフ 124

サルボ恭子 ○ Salbot Kyoko

1971年東京生まれ。料理家の叔母に師事したのち、渡仏。ル・コルドンブルー・パリ、リッツ等の料理学校を経て「オテル・ド・クリオン」調理場へ。当時2つ星のメインダイニングのキッチンとパティスリーに勤務。帰国後、料理研究家のアシスタントを経て独立。都内でフランス人の夫、2人の子どもと暮らす。『作りおきオードヴル』(朝日新聞出版)、『チーズの本』『タルティーヌとクロック』(ともに東京書籍)など著書多数。

アートディレクション／昭原修三　デザイン／植田光子　撮影／竹内章雄　スタイリング／久保原恵理
編集／松原京子　プリンティングディレクター／栗原哲朗(図書印刷)

サルボ恭子のスープ

2016年11月25日　第1刷発行

著　者　サルボ恭子
発行者　千石雅仁
発行所　東京書籍株式会社
　　　　東京都北区堀船2-17-1　〒114-8524
　　　　電話　03-5390-7531（営業）
　　　　　　　03-5390-7508（編集）
印刷・製本　図書印刷株式会社

Copyright © 2016 by Kyoko Salbot
All Rights Reserved.
Printed in Japan
ISBN978-4-487-81038-3 C2077

乱丁・落丁の際はお取り替えさせていただきます。
本書の内容を無断で転載することはかたくお断りいたします。